LEARN MORE LAW, LOSS LESS IN LIFE

李浩源 著

少吃点生活的亏

人人听得懂用得上的维权课

RIGHT-DEFENDING

北京联合出版公司
Beijing United Publishing Co.,Ltd.

我想把自己的实力做得很扎实，情怀做得很充满，然后用法律去影响越来越多的人。

最好是像古人那样，高悬秦镜。就像今天的月亮一样，普照一方就是一方。愿皎皎少年，仰不愧于天，俯不怍于地。

①

001 – 025

出行篇

TRAVEL

Q1 如何取回遗落在网约车、出租车上的物品？

Q2 网约车司机故意绕路怎么办？

Q3 司机骚扰乘客，怎么处理？

Q4 酒驾后发生交通事故，同桌饮酒的人有责任吗？

Q5 旅行中发生交通事故，向谁索赔？

CONTENTS 目录

② 恋爱篇 RELATIONSHIP

③ 隐私篇 PRIVACY

租房篇

TENEMENT

4

职场篇

WORKPLACE

⑦

140 – 175

CONTENTS

TRAVEL

①

出行篇

Q1

如何取回遗落在网约车、出租车上的物品？

先查注册车信息

失物情况要牢记

平台警方均报备

证据充足法院提

INTERPRETATION 浩源解读

“我的东西听我的”，这个道理很简单，也有明确的法律规定为权利做出支撑。不要小看法律的设计，如果没有具体的条文，这件事将无法通过国家的力量来协调。换言之，当你要和别人争物品所属的时候，你连为什么可以所属、如何证明所属的流程都没有。

因此，在这里谈到了所有权的具体规定，为找回你的东西这件严肃的事，正本清源。当然，如果将来有精力，为了一个重要事物的归属与车辆服务的提供方对簿公堂，这也是你需要了解的、所要引用的重点条文之一。

实际上，这种情况很多时候需要网约车公司和公安的积极配合。以目前的技术条件，公司可以通过定位追踪技术找到司机，大型出行服务公司的客服专员也可以在了解情况之后，转交客户、社会关系部门协作处理。不过，由于公司体量较大，沟通需要时间，应该同时向所在地派出所的民警详细反映情况，特别是车牌号和支付码等联络信息，有助于即时定位车主。在民警的协助下，如果联系车主之后车主仍不归还，且遗失物价值数额较大，则有可能由普通经济纠纷的出警记录而完成立案，找回遗失物的概率也就更高。

LEGAL PROVISIONS REFERENCE 法条援引

《中华人民共和国民法典》

第二百四十条 所有权人对自己的不动产或者动产，依法享有占有、使用、收益和处分的权利。

第三百一十二条 所有权人或者其他权利人有权追回遗失物。该遗失物通过转让被他人占有的，权利人有权向无处分权人请求损害赔偿，或者自知道或者应当知道受让人之日起二年内向受让人请求返还原物；但是，受让人通过拍卖或者向具有经营资格的经营者购得该遗失物的，权利人请求返还原物时应当支付受让人所付的费用。权利人向受让人支付所付费用后，有权向无处分权人追偿。

第三百一十四条 拾得遗失物，应当返还权利人。拾得人应当及时通知权利人领取，或者送交公安等有关部门。

第一千一百六十五条 行为人因过错侵害他人民事权益造成损害的，应当承担侵权责任。依照法律规定推定行为人有过错，其不能证明自己没有过错的，应当承担侵权责任。

《中华人民共和国刑法》

第二百七十条 将代为保管的他人财物非法占

为己有，数额较大，拒不退还的，处二年以下有期徒刑、拘役或者罚金；数额巨大或者有其他严重情节的，处二年以上五年以下有期徒刑，并处罚金。

将他人的遗忘物或者埋藏物非法占为己有，数额较大，拒不交出的，依照前款的规定处罚。

本条罪，告诉的才处理。

LEGAL CASE	案例

刘某、成都市武侯区出租汽车有限公司遗失物返还纠纷案

2019 年 2 月 21 日，刘某在武侯祠东街乘坐成都市武侯区出租汽车有限公司营运的车牌号川A××××0 出租车。下车后刘某随即发现其使用的华为手机不慎遗失在了出租车内，便寻求路人帮助拨打自己的手机号码，却一直无人应答。后刘某拨打了 110 报警，根据出租车内的监控记录显示，刘某下车后拨打自己的手机号码时，出租车内长时间响起了来电铃声，但出租车司机与后来上车的乘客均未接听，该乘客下车离去后，出租车司机先后两次将监控摄像头遮挡。刘某认为，成都市武侯区出租汽车有限公司有义务保障其乘车过程中的人身和财产安全，其遗失在出租车内的手机应当予以返还或赔偿损失。

自己的物品不小心遗落在出租车内，司机不归还，取回难度并不小。我在检索案例时发现，因为出行时遗失物返还问题发生纠纷而走到法庭的案例并不多，完整审结的更少，这大概是考虑到了法律的成本问题，毕竟高成本低收益的事情大家都不愿意做。在此案中，刘某下车后发现手机不慎遗失，之后亦没有找到。查阅出租车内监控，发现视频中有来电铃声，但是出租车司机与乘客没有接听。刘某认为，出租汽车有限公司有义务保障其乘车过程中的人身和财产安全，其遗失在出租车内的手机应当予以返还或赔偿损失。

审理过程中，法院认为：

所举证据，仅能够证明其曾经购买过手机并乘坐过川 A××××0 出租车，但该手机是否带入过出租车，遗失与否，驾驶员有没有拾取手机，出租车内响起的铃声是否为刘某手机发出，刘某所提供视频均不能予以证明，刘某应当对此事实承担举证不能的法律后果。

而且本案原告（刘某）主张系侵权纠纷，即使如原告所主张手机系驾驶员所侵占，行为亦不属于其执行被告公司职务的行为，不应当由公司承担侵权责任，故原告主张的侵权赔偿没有事实和法律依据，本院对原告刘某的诉讼请求依法不予支持。

这个案件提醒我们，证据的完整性非常重要，直接决定是否能拿回你自己的东西。本案中，当事人因无法妥善说明“将自己的所属物带上了出租车”这个事实，从而导致败诉。但是反过来讲，随身携带手机，乃是现代生活中的必然事件，且如果能找到另外一位乘客，调查其与司机在该时间段内的通话记录、手机机型，试着以其他线索侧面支持手机铃声属于所遗失手机，也许结果就会有所改变。

此外，在列明被告时，也要考虑到出租车背后的承包管理关系，以及网约车背后的平台服务关系。这里，建议大家直接以司机为起诉对象。如果选择了错误的被告，与之没有形成侵占与被侵占的法律关系，就会产生没有事实和法律依据的后果，继而败诉。

Q2

网约车司机
故意绕路怎么办？

故意绕路不要怕

本地规范网上查

记录车牌和车况

行政公司来管他

INTERPRETATION 浩源解读

在网约车成为日常出行方式的今天，司机师傅在平台专业导航系统和信息系统的指引下，绕路的情形极少发生，即使发生，也可以联系平台企业协助处理。不过，若司机师傅提前告知了更换路线，并获取乘客同意，则不能算绕路。

绕路情况的高发场所大多是火车站、机场以及热门旅游景点等外地乘客较多的地方，由于时间、场地等客观条件的影响，游客、出差者、对环境陌生的人在乘坐网约车时往往中招。

如不小心遇到绕路的情形，可以直接向本地交通运输管理部门反馈，事关经营类的由市场监督管理部门管理。网约车运营平台对运营车辆实时监控，通过服务电话向网约车平台反映也是一种办法。

LEGAL PROVISIONS REFERENCE 法条援引

《网络预约出租汽车经营服务管理暂行办法》

第二十五条 网约车平台公司和驾驶员提供经营服务应当符合国家有关运营服务标准，不得途中甩客或者故意绕道行驶，不得违规收费，不得对举报、投诉其服务质量或者对其服务作出不满意评价的乘客实施报复行为。

第三十五条 网约车平台公司违反本规定，有下列行为之一的，由县级以上出租汽车行政主管部门和价格主管部门按照职责责令改正，对每次违法行为处以 5000 元以上 10000 元以下罚款；情节严重的，处以 10000 元以上 30000 元以下罚款：

…………

（八）未履行管理责任，出现甩客、故意绕道、违规收费等严重违反国家相关运营服务标准行为的。

第三十六条 网约车驾驶员违反本规定，有下列情形之一的，由县级以上出租汽车行政主管部门和价格主管部门按照职责责令改正，对每次违法行为处以 50 元以上 200 元以下罚款：

…………

（二）途中甩客或者故意绕道行驶的；

…………

Q3

司机骚扰乘客，怎么处理？

如遇司机骚扰
可把平台去找
周旋留存证据
也把警察来报

INTERPRETATION 浩源解读

乘客个人隐私和安全问题一直是大众关注的焦点。提供乘车服务的平台、监管机构等一直努力通过各种方式营造一个安全舒适的乘车环境。通常情况下，提供乘车服务的平台配备有安全专员，可以远程判断汽车位置，也可通过车内录音录像等监控行车情况。安全专员因此成为解决骚扰事件的“大护法”。

如果在乘车过程中遇到骚扰事件，先依据情况进行初步判断。若是言语骚扰，在条件允许的情况下，应当及时录音，存留证据，并积极与外界取得联系，为自己的乘车安全提供双保险。如有紧急危险情况，请用手机自带的紧急呼叫功能报警，并基于实际环境，向警察表述自己的处境。比如，以与家人沟通的口吻，汇报自己前往的地点和偏航的情况等。

下车后，在确保个人安全的情况下，将自己遭受骚扰的情况，及时向平台方投诉，也可以寻求警察的帮助。

在这里，浩源建议大家，尤其是各位女生，要加强自我保护意识，及时把行踪报备给家人和朋友，善于使用手机的录音录像功能，并且尽量不要一个人去人少荒僻的地方。

LEGAL PROVISIONS REFERENCE	法条援引

《中华人民共和国民法典》

第一千零一十条 违背他人意愿，以言语、文字、图像、肢体行为等方式对他人实施性骚扰的，受害人有权依法请求行为人承担民事责任。

机关、企业、学校等单位应当采取合理的预防、受理投诉、调查处置等措施，防止和制止利用职权、从属关系等实施性骚扰。

Q4

酒驾后发生交通事故，同桌饮酒的人有责任吗？

同桌饮酒不停劝

一不小心进法院

INTERPRETATION 浩源解读

小酌怡情，大酌伤身。若是大酌之后醉驾，则是触犯刑律，要被赠送“银手镯”一副。

如果我们无力“拒酒”，至少不要“劝酒”，沟通感情的方式有很多种，并非“不喝这杯”就表示“不给面子”，也并非“喝了这杯”就代表“歃血为盟”了。

如果同饮酒者存在以下情节，一旦发生意外，则需要承担法律责任：一是强迫性劝酒，如故意灌酒，用话要挟、刺激对方喝酒，或者在对方已喝醉、意识不清、没有自制力的情况下，仍劝其喝酒的行为；二是明知对方不能喝酒，如明知对方的身体状况，仍劝其饮酒诱发疾病等；三是未将醉酒者安全护送，如饮酒者已经失去或即将失去对自己的控制能力，神志不清、无法支配自己的行为时，同饮者没有将其送至医院或安全送回家中；四是酒后驾车，同饮者未劝阻，导致发生车祸等损害的。

LEGAL PROVISIONS REFERENCE 法条援引

《最高人民法院关于审理人身损害赔偿案件适用法律若干问题的解释》

第二条 赔偿权利人起诉部分共同侵权人的，人民法院应当追加其他共同侵权人作为共同被告。赔偿权利人在诉讼中放弃对部分共同侵权人的诉讼请求的，其他共同侵权人对被放弃诉讼请求的被告应当承担的赔偿份额不承担连带责任。责任范围难以确定的，推定各共同侵权人承担同等责任。

LEGAL CASE 案例

2017 年 7 月 1 日，男子王某邀请闫某、陈某、李某、程某及陆某在一家烧烤店喝啤酒。随后王某又邀请 5 人继续去一家火锅店吃饭。饭前，李某有事离开，孙某应陆某邀请来到火锅店，饭局结束前即离开。饭后，陆某驾驶摩托车撞上道路西侧路缘石后翻车摔倒，当场死亡，摩托车受损。家属将同桌人等一并诉至法院，要求赔偿死亡赔偿金、丧葬费、误工费等各项损失 33 万余元。

法院认为：王某作为饭局组织者，未尽到提醒、劝阻、照顾和帮助等义务，应承担相对较大的过错责任，向陆某家属赔偿法院认定的损失总额的 8%，即 53130 元。闫某、陈某、程某在饮酒过程中未尽到提醒义务，每人应承担法院认定的损失总额的 4%，即 26565 元。

在风险社会中，组织众人一同饮酒，本身就可能为他人创造直接和间接的风险。彼此之间存在法律上的相互提醒和照顾义务。具体而言，在饮酒时，对其他饮酒人一般应承担提醒、劝阻、通知的义务，不让其过量饮酒；在酒后，应承担扶助、照顾、护送的义务，保障饮酒人的人身安全。如果同席人没有尽到这些义务，就属于“不作为”，如果饮酒人出现身体伤害或死亡等情况，两者就存在一定程度上的因果关系。法院正是基于此，判决同席人承担赔偿责任。

Q5

旅行中发生交通事故，向谁索赔？

出门在外生事故

理赔次序应有数

谁来组织先找谁

连带保险莫糊涂

INTERPRETATION 浩源解读

旅行过程中，交通安全是头等大事。如果在旅行中不幸遭遇交通事故，向谁追偿则往往成了受害者较为关心的问题。

首先，我们可以把旅行中发生交通事故的情形分为以下几种：

一、开自己的车自驾出游，发生交通事故时，按照一般交通事故理赔即可。但需要注意的是，如果需要走诉讼流程，则要到被告住所地或事故发生地进行诉讼。

二、如果是租赁车辆出游发生交通事故，在事故认定的同时，一定要与出租方及时联系，并要求检查此时的车况。有的时候，租车的车况并不乐观，如果事故与车况有关，那么有可能存在车辆管理不善的问题，从而使出租方对于事故的发生负有一定责任。此时，可以向肇事方和出租方提请诉讼。

三、如果是在旅行社组织的出游中发生交通事故，那么因为旅行社具有合理限度范围内的安全保障义务，所以受害者可以结合其他的证据，判断该义务有没有尽到，再向旅行社索赔。

如果自己不是驾驶司机，而是作为乘客遭遇交通事故，在情形一、二中，应向司机、肇事者索赔，在情形三中，在起诉旅行社之前，必须先将肇事者列为被告人。

如果没有开车或乘车，则按照一般交通事故的情形在当地处理。

提醒大家：出行一定要购买保险！

LEGAL PROVISIONS REFERENCE	法条援引

《中华人民共和国民法典》

第一千二百零九条 因租赁、借用等情形机动车所有人、管理人与使用人不是同一人时，发生交通事故造成损害，属于该机动车一方责任的，由机动车使用人承担赔偿责任；机动车所有人、管理人对损害的发生有过错的，承担相应的赔偿责任。

LEGAL CASE	案例

张某与成都纵横九州车友俱乐部有限责任公司、成都东行旅行有限公司等机动车交通事故责任纠纷上诉案

2006年7月28日，原告张某携七岁的女儿参加由被告东行旅行有限公司和纵横九州车友俱乐部有限责任公司共同组织的“红原花湖自驾之旅”活动。此前双方签订了旅游《协议书》，参团车辆共10辆，组织者对车辆进行了编号排序，并给每车配发一部对讲机。在车队行进过程中，车辆次序被打乱，领队人员未进行调整，领航车也没有随时通报路况。到达景点后，张某向导游反映对讲机不能正常使用，也未得到处理。

29日，车队由“花湖”至唐克“黄河第一弯”方向行驶中，原告因追赶前车，车速较快，对弯道处路况不明，造成刹车不及时，所驾3号车与编号为7号的车追尾，致原告女儿受伤，经抢救无效死亡。后经交通大队认定，张某负全部责任。

原告认为，组织者在此次活动中组织混乱，管理不力，装备配备不齐全，才导致其与其他车辆发生交通事故并致女儿死亡，因此请求两组织者及7号车驾驶者赔偿共计33万余元。

此案是经典的旅行社组织自驾游造成人身损害的案例，法官审理认为：“自驾游的组织者在车队次序打乱后没有及时调整，行进中遇有危险时没有及时有效提醒驾驶员，致使发生人身伤害后果，其存在一定的过错，没有尽到完全的安全保障义务。”故而应在合理范围内承担赔偿责任。

什么是合理的安全保障义务？

合理的安全保障义务是一个理智、善良、谨慎的人按照合理注意所应采取的安全保障措施。管理者负有的安全保障义务是有程度划分的，判断公共场所管理者是否采取了有效合理的谨慎态度和预防措施，需要界定安全保障义务的合理边界：一是预见可能性原则，义务人采取的安全保障措施应当取决于义务人的预见可能性，不具备预见可能性的义务人不承担安全保障义务，因为其行为并不具有可责性。二是有限责任原则，公共场所的管理者并不可能防止所有危险的发生，因为绝对的安全是不存在的，因此公共场所的管理者所防范的危险一定是可以预见的，必须具有可控制性和可予消除性，意外事件与不可抗力均不包含在内。三是相当性原则，在考量管理者作为安全保障义务人时，须考虑防范危险的投入应当与该经营场所所获的利益相当，即危险发生的可能性和损害的严重程度与消除该危险所需的投入相当。

此处借用北京市二中院的一个案例中提到的，法律上通常对安全保障义务的解释。

案例中的某丙溺亡于永定河拦河闸附近的消力池内，事发地点消力池虽已结冰，但仍系永定河拦河闸的一部分，属于水利设施的范畴，并非对外开放的冰场。消力池位于拦河闸下方的永定河河道中间处，从抵达的正常路径来看，需要从永定河的沿河河堤下楼梯到达河道，再从永定河河道步行至拦河闸下方，其并非正常的活动、通行场所，因此这个案件中的水利设施并不属于《侵权责任法》第三十七条规定的公共场所。虽然河道的管理者负责河道、堤防、护堤地及水利设施的日常管理、运行和维护，但其对于擅自进入河道冰面的人不具有安全保障义务，所以河道管理者不承担侵权责任。

RELATIONSHIP

②

恋爱篇

Q1

遭恋爱对象恶意诽谤，该怎么办？

先协商，协商不了，

律师函+起诉状“大礼包”。

INTERPRETATION 浩源解读

恋爱本是两情相悦之事，遗憾的是，若是在相处中或分手后，一方或双方心生怨怼，因爱生恨，则可能向对方做出诽谤、侮辱的行为。尤其是在互联网时代，好事坏事都会迅速地传千里，线上诽谤侮辱的杀伤力远高于一般的侮辱诽谤，并且处理起来具有一定滞后性，往往给受害者带来莫大的身心痛苦，甚至造成难以挽回的损失。

如果不幸遭遇此种情况，一定要冷静处理，可以选择与侵害方进行沟通，要求其删除侮辱诽谤信息，并通过公开渠道进行道歉，消除其行为带来的负面影响。如果未能协商成功，可以尽早拿起法律的武器，通过法律渠道维护自身权益。在此之前，我们可以做一些准备工作，比如收集证明其诽谤行为的文字、音频、视频、图片资料，打印成证据册，这样就有比较高的可能性将对方请到公安机关。如果对方屡犯不改，可以基于这些前期准备，自行或在律师的协助下向法院以民事案由或诽谤罪起诉对方。

诽谤行为常常会给受害人造成沉重的心理负担，影响受害人的身心健康。此时，受害人不应沉默，而应该主动采取手段，维护自身合法权益。可以选择律师函这种书面式的协商，因为如果对方拒绝协商，也能留下相应证据，以在法庭上侧证对方的态度。协商不成，再如前述所说，收集、整理相关证据，并整理出误工、精神损害的具体情况，根据其造成的损失，具体地向法院提起诉讼，要求对方以财产赔偿、赔礼道歉等方式进行补偿。

LEGAL PROVISIONS REFERENCE 法条援引

《中华人民共和国民法典》

第一千零二十四条 民事主体享有名誉权。任何组织或者个人不得以侮辱、诽谤等方式侵害他人的名誉权。

名誉是对民事主体的品德、声望、才能、信用等的社会评价。

第一千一百八十二条 侵害他人人身权益造成财产损失的，按照被侵权人因此受到的损失或者侵权人因此获得的利益赔偿；被侵权人因此受到的损失以及侵权人因此获得的利益难以确定，被侵权人和侵权人就赔偿数额协商不一致，向人民法院提起诉讼的，由人民法院根据实际情况确定赔偿数额。

第一千一百八十三条 侵害自然人人身权益造成严重精神损害的，被侵权人有权请求精神损害赔偿。

第一千一百九十四条　网络用户、网络服务提供者利用网络侵害他人民事权益的，应当承担侵权责任。法律另有规定的，依照其规定。

《中华人民共和国刑法》

第二百四十六条　以暴力或者其他方法公然侮辱他人或者捏造事实诽谤他人，情节严重的，处三年以下有期徒刑、拘役、管制或者剥夺政治权利。

前款罪，告诉的才处理，但是严重危害社会秩序和国家利益的除外。

通过信息网络实施第一款规定的行为，被害人向人民法院告诉，但提供证据确有困难的，人民法院可以要求公安机关提供协助。

《最高人民法院、最高人民检察院关于办理利用信息网络实施诽谤等刑事案件适用法律若干问题的解释》

第一条　具有下列情形之一的，应当认定为刑法第二百四十六条第一款规定的“捏造事实诽谤他人”：

…………

（二）将信息网络上涉及他人的原始信息内容篡改为损害他人名誉的事实，在信息网络上散布，或者组织、指使人员在信息网络上散布的；

…………

第六条　以在信息网络上发布、删除等方式处理网络信息为由，威胁、要挟他人，索取公私财物，数额较大，或者多次实施上述行为的，依照刑法第二百七十四条的规定，以敲诈勒索罪定罪处罚。

LEGAL CASE	案例

昔日恋人情感破裂后，一方将另一方某些导致恋爱破裂的行为公诸互联网平台，并就相关事实进行夸大描述，造成一方社会评价降低。

在这样的案情中，一方发表微博等，明确载明了另一方的姓名，公众人群都能直接或间接知悉其诽谤意义的内容，已经对另一方的一般社会评价产生了现实的降低，故法院认定涉诉微博等已经产生了社会评价明显降低的损害后果。在侵权赔偿责任承担上，法院也考量到：由于另一方对恋爱的破裂确有责任，公布微博的行为过激但事出有因，因此在法院认为的适当范围内，要求侵权人承担赔偿责任。此外，法院认为，由于网络的内容始终处于不断变化的状态，受害一方通过公证方式固定证据属于合理的费用支出，也将公证费判赔在范围之中。

无论是因为分手还是别的原因，一旦遇到对方用隐私内容威胁，法律协商是优先的选择。但建议在报警后，共同到派出所协商。若对方屡教不改，甚至威胁、敲诈、勒索，千万不要害怕，一定要从容冷静，请记住：这不是你的错，这是加害者的暴行。该反抗时一定要反抗，如果忍气吞声，毫不反抗，反而可能会让加害者变本加厉，造成更严重的后果。

具体处理方式可以从以下几个方面考虑：

首先，可以以侵犯个人隐私权为由提起民事诉讼。若选择起诉，切记搜集、保留好音像视频等证据材料，而且要充分关注这些材料的完整性、全面性，必要时可以寻求专业人士的帮助。如果需要自己以合法手段采集相关资料，最好选择性能良好的设备。此外，由于互联网资料的易变造、易删改的特性，建议通过公证机关进行公证。

其次，面对恫吓威胁、敲诈勒索等行为，可以寻求警察的帮助。

日常交往，即使情至深处，也一定记得保护好自己。如若不幸遇到了这样的事，千万不要因此否认自己，无须用别人的错误惩罚自己。必要的时候，联合身边可信的朋友、律师、妇联机关，寻求专业支持，一起解决问题，让恶人受到应有的惩罚。同时，如果因此产生了焦虑、抑郁等负面情绪，可以向心理医生倾诉，纾解心理压力。切勿有“受害者有错论”的想法，这是加害者的恶，不是你的问题，要与之斗智斗勇，打倒侵害隐私之恶，还隐私空间以清净。

Q2

谈恋爱的时候
送了对方很多礼物，
分手的时候可以要回来吗？

恋爱赠物，覆水难收

借款赠送，区分清楚

如果同居，共同财产

INTERPRETATION 浩源解读

恋爱过程中，男女双方互赠礼物，本为表达深情，以示欢好。婚姻尚有破裂之虞，恋爱也或有分道扬镳之时。如果能好聚好散，送出去的礼物也是一份过往深情的见证。但有的时候，念及恋爱中和破裂时的种种行为，双方会对相送的礼物进行清算。而这些礼物有时额度较大，价值不菲。这时，协商可能也不会有什么结果，双方便到了对簿公堂的地步。

额度小的赠物，不应当要求返还。额度大的赠物，应当返还，如何返还，具体衡量。

民事活动遵循公平和公序良俗原则，行为双方应公平行事，并遵守社会的风俗习惯。那么，促进感情关系、维护共同生活的小额赠物和日常开支，应视为必要支出和共同消费。其赠与规则，遵守《民法典》要物赠与的规则，即“送了就覆水难收”，没有要求返还的法律依据。就大额赠物而言，因法律将恋爱关系视为缔结婚姻关系的前奏（除非一方能举证说明恋爱不是为了结婚），法庭会考量将这一赠与当作当事人一方以结婚为目的的一种附条件赠与，如果最终没有结婚，或者没有共同生活，极有可能会要求返还。总而言之，大额赠与、给付彩礼，慎重，再慎重！对于情侣之间以结婚为目的的大额现金赠与，建议通过银行转账注明资金用途，打印回单保存，为了彰显诚意而交付现金则是风险较大的处理方式。

LEGAL PROVISIONS REFERENCE 法条援引

《中华人民共和国民法典》

第一百五十八条 民事法律行为可以附条件，但是根据其性质不得附条件的除外。附生效条件的民事法律行为，自条件成就时生效。附解除条件的民事法律行为，自条件成就时失效。

第六百五十八条 赠与人在赠与财产的权利转移之前可以撤销赠与。

经过公证的赠与合同或者依法不得撤销的具有救灾、扶贫、助残等公益、道德义务性质的赠与合同，不适用前款规定。

第六百六十五条 撤销权人撤销赠与的，可以向受赠人请求返还赠与的财产。

第六百六十六条 赠与人的经济状况显著恶化，严重影响其生产经营或者家庭生活的，可以不再履行赠与义务。

《最高人民法院关于适用〈中华人民共和国民法典〉婚姻家庭编的解释（一）》

第五条　当事人请求返还按照习俗给付的彩礼的，如果查明属于以下情形，人民法院应当予以支持：

（一）双方未办理结婚登记手续；

（二）双方办理结婚登记手续但确未共同生活；

（三）婚前给付并导致给付人生活困难。

适用前款第二项、第三项的规定，应当以双方离婚为条件。

Q3

情侣间就不存在强奸吗？

男女间性行为

以对行为的同意为前提，

不说“yes”，便代表“no”。

INTERPRETATION 浩源解读

情侣、夫妻属于社会人际关系中极为特殊而亲密的一种。如何生活、如何相处是二人私意自治，为与不为，他人无从干涉。但在情侣和夫妻之间，绝不意味着有情侣或夫妻关系就可以强行发生性行为。合法性行为除需要满足年龄条件外，还以当事人双方的性行为合意为要件，任何一方采用暴力、胁迫或者其他手段与另一方发生性关系，都有可能构成强奸罪（或猥亵罪）。

司法实践中，认定构成婚内强奸的态度比较审慎。这其中不仅有性别力量的不对等，也有对社会风气和人际关系引导的顾虑等多种因素。在此建议，如果女性在婚姻存续期间被迫与丈夫发生性关系，应尽可能留存证明自己并非自愿的证据，“no”就是“no”。当对“性同意”的尊重成为社会风气时，“婚内无奸”的说法也将被社会所不齿和淘汰了。

LEGAL PROVISIONS REFERENCE　法条援引

《中华人民共和国刑法》

第二百三十六条　以暴力、胁迫或者其他手段强奸妇女的，处三年以上十年以下有期徒刑。

PRIVACY

③

隐私篇

Q1

发在网上的原创内容被人抄袭，该如何维权？

抄袭剽窃网上多

标注原创防风波

平台知产齐联手

确定证据准没错

INTERPRETATION 浩源解读

在互联网时代，每个人都可以成为原创内容的发布者。从早已成熟的各类网络文学，到目前的头条文章、百度百家号、微博内容等，我们习惯了用互联网来表达原创性的思想，展现我们的态度。当然，我们拍摄的长短视频，也是独立创作的作品。发表容易，侵权更容易，且被认定侵权难度大。

著作权并不是一种天然的权利，它的存在一方面是为了鼓励和保护知识与思想的创作表达，另一方面也是保障作者的经济利益。如果作者希望开放地让大家使用自己的创作成果，无所谓引用和仿制，则在事实上，不会发生侵权事件。而大多数情况下，作者发布的内容关乎流量与商业变现，也关乎个人在特定领域的社会声誉，这样引用和仿制就不是小事。所以，著作权范围中的信息网络传播权可以说是作者在网络世界中名利的起点。

无论是网络文学还是网络视频，转载等行为往往是扩大热度、增强影响力的途径。然而，作者辛辛苦苦创作的成果，被别人不声不响地就转载了，或是“融合、借鉴、参考”，这在目前的司法实践中屡见不鲜。根据艾瑞咨询发布的《2020 年中国网络文学版权保护研究报告》，截至 2019 年年底，网络文学行业用户规模为 4.6 亿人，中国网络文学总体盗版损失规模为 56.4 亿元。针对网络文学侵权的乱象，政府、企业、行业三方共同发力，努力保护网络文学版权。对于各网文创作者，主动维权是打击盗版最为可靠的方式，有部分作者会考虑维权成本，寻求网络文学企业合作是最为快捷且有效的方式。目前，各大头部文学平台、社交平台（微博、抖音等）基本上都建立了全网监测处置机制，能够迅速及时地处理用户诉求，也符合《民法典》对于“权利人有权通知网络服务提供者采取删除、屏蔽、断开链接等必要措施”的规定。但仍不排除因为纠纷的复杂性，个别事件会超出平台的处理能力，或者侵权结果仍然发生持续的影响，此时可以再对簿公堂。如果选择通过诉讼的方式解决，一定要及早规划，及时确定侵权主体，尽早开始收集证据材料。

在著作权的种种纠纷中，除非彻彻底底、毫无掩饰地照搬照抄，有部分增删修改的网文和长文案视频的抄袭问题，认定起来是比较困难的。比如说，大家都是在评论同一个社会现象，可能看到的和想到的刚好是一样的，又都是赶时间发在一个节点；或者说，都是在评论同一部电影，又刚好融入了时下流行的元素；或者写作的时候，大家都是同样的套路、类似的设定…… 以上种种，何谓抄袭、何谓借鉴、何谓创新，有时候虽然在学理上有不同的说法，但是在实务中还是较为复杂。妥善、全面地整理证据是维护自身权益最关键的一步。如何整理？整理哪些证据？通常的做法是，把有雷同的部分逐个地、明确地指出，文字类可以比较雷同部分在总文字中的占比，短视频类则应关注具体的侵权内容是创意还是文字。可以将作品的发布时间进行明确，也须明确另外的作者会不会比较容易地看到你的内容，比如你们是否都关注类似的博主、是否都创作类似的内容等。因为互联网信息的特殊性，要即时固定相关页面和内容，并请公证机关公证。

建议主营创作类业务的朋友主动去登记自己的著作权，这样，在证据充分且对方没有反证的情况下，著作权登记证书对你来说是说明权属的有力依据。同时，如果是在微信公众号、微博等平台上发布原创内容，建议归类“原创”或者打上“原创水印”，这也可以为内容的原创性提供一定程度的证明。

LEGAL PROVISIONS REFERENCE 法条援引

《中华人民共和国著作权法》

第五十一条 未经权利人许可，不得进行下列行为：

（一）故意删除或者改变作品、版式设计、表演、录音录像制品或者广播、电视上的权利管理信息，但由于技术上的原因无法避免的除外；

（二）知道或者应当知道作品、版式设计、表演、录音录像制品或者广播、电视上的权利管理信息未经许可被删除或者改变，仍然向公众提供。

第五十二条 有下列侵权行为的，应当根据情况，承担停止侵害、消除影响、赔礼道歉、赔偿损失等民事责任：

（一）未经著作权人许可，发表其作品的；

（二）未经合作作者许可，将与他人合作创作的作品当作自己单独创作的作品发表的；

（三）没有参加创作，为谋取个人名利，在他人作品上署名的；

（四）歪曲、篡改他人作品的；

（五）剽窃他人作品的；

（六）未经著作权人许可，以展览、摄制视听作品的方法使用作品，或者以改编、翻译、注释等方式使用作品的，本法另有规定的除外；

（七）使用他人作品，应当支付报酬而未支付的；

（八）未经视听作品、计算机软件、录音录像制品的著作权人、表演者或者录音录像制作者许可，出租其作品或者录音录像制品的原件或者复制件的，本法另有规定的除外；

（九）未经出版者许可，使用其出版的图书、期刊的版式设计的；

（十）未经表演者许可，从现场直播或者公开传送其现场表演，或者录制其表演的；

（十一）其他侵犯著作权以及与著作权有关的权利的行为。

《中华人民共和国民法典》

第一千一百九十四条　网络用户、网络服务提供者利用网络侵害他人民事权益的，应当承担侵权责任。法律另有规定的，依照其规定。

第一千一百九十五条　网络用户利用网络服务实施侵权行为的，权利人有权通知网络服务提供者采取删除、屏蔽、断开链接等必要措施。通知应当包括构成侵权的初步证据及权利人的真实身份信息。

网络服务提供者接到通知后，应当及时将该通知转送相关网络用户，并根据构成侵权的初步证据和服务类型采取必要措施；未及时采取必要措施的，对损害的扩大部分与该网络用户承担连带责任。

权利人因错误通知造成网络用户或者网络服务提供者损害的，应当承担侵权责任。法律另有规定的，依照其规定。

第一千一百九十六条 网络用户接到转送的通知后，可以向网络服务提供者提交不存在侵权行为的声明。声明应当包括不存在侵权行为的初步证据及网络用户的真实身份信息。

网络服务提供者接到声明后，应当将该声明转送发出通知的权利人，并告知其可以向有关部门投诉或者向人民法院提起诉讼。网络服务提供者在转送声明到达权利人后的合理期限内，未收到权利人已经投诉或者提起诉讼通知的，应当及时终止所采取的措施。

LEGAL CASE 案 例

天视体育传媒有限责任公司、北京搜狐互联网信息服务有限公司侵害作品信息网络传播权纠纷案

原告天视体育传媒公司在其实名认证的微信公众号中发布了两篇排球评论原创作品，被告北京搜狐互联网信息服务有限公司作为搜狐网的运营主体，在未征得原告同意的情况下，擅自发布、传播上述文章。侵权网页中，被告不但完全抄袭了作品名称、

作品内容、作品配图，还同时抄袭了原告的微信公众号的名称，且未给原告署名。原告认为，这侵害了自己的信息网络传播权和署名权，应当承担包括但不限于停止侵害、赔礼道歉、赔偿损失等全部民事责任，由此向法院提起诉讼。

《著作权法》上的作品是指文学、艺术和科学领域内具有独创性并能以某种有形形式复制的智力成果。法院认为，两篇文章虽然是对已有比赛进行实时描述，但评论性内容和赛事配图属于独创性的创作，应当受到保护。而且，原告发布在了实名认证的公众号中，有相应的创作人记载，被告亦不能证明自己进行删改的权利依据，故而法院认为，原告系涉案文章的著作权人。而且，被告网站转载时标注的“该文观点仅代表作者本人，搜狐号系信息发布平台，搜狐仅提供信息存储空间服务”声明，不能意味着是得到了作者的有效授权，反而是在漠视他人权利，反而为被告方的过错认定提供了相应依据。

Q2

身份信息被人盗用以注册公司、账户，该怎么办？

天上飞来一公司

多是毛贼来盗名

市监公安和法院

能把真相来理清

INTERPRETATION　浩源解读

网络时代，“秘密”成为奢侈品，一不小心我们的个人信息就泄露到千里之外。防止个人信息泄露的重心既是防范信息不要泄露得太多太猛，也是防范信息泄露之后可能发生的“次生灾害”。次生灾害一个重灾区便是“注册公司”。

为方便公司注册，工商机关对注册公司使用的材料大多不进行实质审查，仅进行形式审查，设立内容真实与否只有设立者自己清楚。而且，公司设立登记时，发起人或者法定代表人本人无须亲自办理，可以交齐材料后委托他人办理。“形式审查 + 委托办理”的结构，虽便利却也给不法分子提供了冒用信息、冒充签字的可乘之机。

因个人信息泄露成了公司股东或者法定代表人，白白承担了商业、征信上的风险，导致办理贷款等重要业务受到影响，可谓十分闹心。如何解决呢？浩源给出以下建议：

（一）找本地市场监督管理局

工商机关（目前是市场监督管理局）负责设立企业的登记。如果发现自己“被法定代表人”“被股东”“被高管”了，不要慌张，首先在国家企业信用信息公示系统网站上查询处理，确定被冒名的事项、公司登记的时间和公司登记在哪个市场监督管理局。然后可以填写撤销信息的申请表【在北京，就是《撤销冒名登记（备案）申请表》】，拿着身份证原件及复印件，到该公司登记的住所所在地的市场监管局申请撤销。

如果不能到场，可以查一下当地的市场监督管理局有没有网络平台可以异地处理，也可以致电该机关了解异地办理的相关要求。

除此以外，根据《市场监管总局关于撤销冒用他人身份信息取得公司登记的指导意见》，被冒名者向公安机关反映情况后，还可以提供“身份证件丢失报警回执、身份证件遗失公告、银行挂失身份证件记录、由专业机构出具的笔迹鉴定报告等”能够有助于认定冒名登记基本事实的材料。

如果登记机关调查认定冒名登记基本事实清楚，或者公司和相关人员无法取得联系或不配合调查且公示期内无利害关系人提出异议，就可以认为冒名登记成立，登记机关可以采取撤销部分事项或撤销设立登记的方式来解决冒用登记的行为。在做出撤销登记决定后，登记机关会在登记注册系统标注做出撤销决定的状态，并通过公示系统向社会公示。

（二）找法院、公安机关

如果能够联系上有关公司，可以先和他们交涉，被拒绝后，一则是可以走民事诉讼途径解决。可以以《民法典》关于“侵权责任”“人格权”的相关规定为法律依据，提起侵权诉讼，要求以主动撤销登记的方式恢复原状，如判令后不执行，以法院的判决要求法院对其强制执行。二则是提起行政诉讼，以登记机关为被告，要求法院判令撤销登记。这一途径，也弥补了登记机关调查能力受限的遗憾。不过，诉诸法院需要收集较全面的证据，比如有的人是丢失了身份证件，被冒用登记了公司，那么根据《市场监管总局关于撤销冒用他人身份信息取得公司登记的指导意见》，被冒名者最好也固定一份相应的证据（比如身份证的挂失登报说明），作为证明提供给法院。

当然，有时候虽然公司信息是假冒的，但可能涉及国家或他人重大利益纠纷（逃税、债务等），也不会贸然撤销全部登记。如果说冒用信息登记的公司涉嫌刑事犯罪，建议在律师的协助下，迅速搜集如时间、地点等证明自己无法参与登记设立、对登记设立不知情的证据，同时赶紧向公安机关反映，越快越好。

如何知道自己有没有“被高管”呢？有一个网站叫国家企业信用信息公示系统，登录上去以后可以查询涉事公司的名称，具体了解公司设立注册时的有关人员信息；或者一些信息较全面的企业查询平台，也能够快速查询企业人员的组成信息。

LEGAL PROVISIONS REFERENCE 法条援引

《中华人民共和国公司登记管理条例》

第二条 ……申请办理公司登记，申请人应当对申请文件、材料的真实性负责。

第二十条 设立有限责任公司，应当由全体股东指定的代表或者共同委托的代理人向公司登记机关申请设立登记。……

《市场监管总局关于撤销冒用他人身份信息取得公司登记的指导意见》

对于被冒用身份信息取得公司登记的人民群众（以下简称被冒用人）撤销冒名登记的反映，各级市场监管部门应积极应对负责。撤销冒名登记工作由作出该次登记决定的市场监管部门（以下简称登记机关）负责。登记机关发生过变更的，由现登记机关负责撤销。

被冒用人本人向登记机关反映被冒名登记情况的，登记机关及时做好记录。被冒用人本人不能到场反映的，登记机关应对其进行远程身份核验。

登记机关要认真核验被冒用人本人签字的撤销登记申请及其身份证件复印件（本人到场的，核实原件）。被冒用人还可以一并提供身份证件丢失报警回执、身份证件遗失公告、银行挂失身份证件记录、由专业机构出具的笔迹鉴定报告等有助于认定冒名登记基本事实的文件材料。

LEGAL CASE	案例

张某、南京市栖霞区行政审批局、南京宝之灵自动化设备有限公司撤销公司设立登记案

南京宝之灵自动化设备有限公司（以下简称宝之灵公司）于 2015 年在张某不知情的情况下，登记设立时将张某申请为该公司法定代表人、股东、执行董事，同年栖霞区工商分局下达准予设立登记通知书，完成公司设立登记。2018 年，张某发现自己已是该公司法定代表人，且该公司已被列入经营异常企业名录，导致张某无法正常注册公司和办理银行贷款。遂诉请撤销该分局准予设立登记的行为。

一审程序中，张某申请对宝之灵公司设立登记材料中“张某”签字的笔迹进行鉴定，经鉴定，宝之灵公司设立登记档案材料中所有“张某”签名字迹与提供的字迹样本不是同一人书写。一审法院认为，公民对其身份证件有妥善保管的义务，张某无证据证明宝之灵公司登记材料中其身份证系被人冒用，考虑到公司登记相关规定允许他人代办，签名并不足以证明公司设立的真实意思表示，故其笔迹鉴定的意见并不能证明宝之灵公司设立并非张某真实意思表示。综上，在案证据不足以证明宝之灵公司设立登记中提交虚假材料且情节严重。

二审法院认为，张某对该公司设立登记并不知情，也无证据证明他实际参与了公司运营，应判决撤销公司设立登记，然而，撤销登记将否定全部事项，导致公司法人人格消灭，影响公司运营中发生的、关系其他人的经营事项，故而判决撤销与张某相关部分登记。经具有法定鉴定资质的鉴定机构鉴定，宝之灵公司登记材料中涉及“张某”的签名，并非上诉人本人所签。该证据具有较强的证明力，可以证实宝之灵公司设立登记时所提交的“张某”签名字迹的申请材料系虚假材料，导致宝之灵公司设立登记错误。

小小笔迹不能小觑。本案中，被冒名登记的当事人通过笔迹鉴定证明清白，维护了自身权益。但对于这一证据，一审法院与二审法院态度截然不同，这也为我们提了醒，发现自己被冒名登记，一旦选择提起诉讼后，一定要尽可能寻求充足的证据材料与证明依据。在司法实践中，公司的登记设立，以市场监督管理部门的登记结果和实际权利归属为两大判断要素，综合判断后始判断登记项目的真实性、合法性。而判决关乎公司运转带来的社会影响，本案既维护了被侵权人的权益，也关心到了第三人的债务、税务问题，实现了法律效果与社会效果的双统一。

Q3

在不知情的情况下被人拍了并发布在网络平台上，怎么处理？

照片视频人人见

盗用误用多侵权

固定证据要申诉

消除损害兼道歉

INTERPRETATION 浩源解读

容貌、声音都是个人的重要特征，是人格的外化表现，抽象为肖像权而受到法律保护。无论是拍成照片还是拍成视频，发布与否、展示与否，属于个人的权利，由个人自行决定。过去的司法规定和司法实践中，会以是否“以营利为目的”使用作为与个人自由决定并列的侵权依据，但在现行的《民法典》中，已经删掉了“以营利为目的”这一限制，留下肖像授权使用的法律空间，加大了肖像权的保护力度。

此外，伪造他人肖像，以此传播、引流也是侵权行为。不论是自己的照片被盗用了，还是街头摄影师未经拍摄人同意随意拍摄、展览街拍图，甚至未经肖像权人允许展示、发布个人照片等行为，都属于侵害肖像权的行为，何况是拍摄视频。

如果一旦发现自己的正当权益受到了侵害，比如有人擅自拍摄了自己的照片、视频，并且未经自己同意和许可，用于网络传播，可以先固定相关页面，并在第一时间联系平台，要求删除正在传播的照片和视频，然后与发布者取得联系。如对方不赔礼道歉、不消除侵权带来的影响,则可以以肖像权侵权为由，诉至法院要求停止侵权行为。

LEGAL PROVISIONS REFERENCE 法条援引

《中华人民共和国民法典》

第九百九十九条 为公共利益实施新闻报道、舆论监督等行为的，可以合理使用民事主体的姓名、名称、肖像、个人信息等；使用不合理侵害民事主体人格权的，应当依法承担民事责任。

第一千零一十九条 任何组织或者个人不得以丑化、污损，或者利用信息技术手段伪造等方式侵害他人的肖像权。未经肖像权人同意，不得制作、使用、公开肖像权人的肖像，但是法律另有规定的除外。

未经肖像权人同意，肖像作品权利人不得以发表、复制、发行、出租、展览等方式使用或者公开肖像权人的肖像。

第一千零二十条 合理实施下列行为的，可以不经肖像权人同意：

（一）为个人学习、艺术欣赏、课堂教学或者科学研究，在必要范围内使用肖像权人已经公开的肖像；

（二）为实施新闻报道，不可避免地制作、使用、公开肖像权人的肖像；

（三）为依法履行职责，国家机关在必要范围内制作、使用、公开肖像权人的肖像；

（四）为展示特定公共环境，不可避免地制作、使用、公开肖像权人的肖像；

（五）为维护公共利益或者肖像权人合法权益，制作、使用、公开肖像权人的肖像的其他行为。

LEGAL CASE	案例

战狼品牌管理有限公司
与吴某网络侵权责任纠纷案

原告吴某系中国知名影视男演员、电影导演。2020年6月，原告得知被告战狼品牌管理有限公司（以下简称战狼品牌公司）未经原告许可将原告肖像用于其生产销售的战狼槟榔外包装中，并标注"电影《杀破狼》主演吴某助力战狼品牌"字样。被告在淘宝网店中销售上述产品，于售卖时在售卖的包装中放入带有原告肖像的兑奖卡，在兑奖卡中亦标注"电影《杀破狼》主演吴某助力战狼品牌"字样。另原告在抖音中发现各地经销商发布带有原告肖像的上述产品的宣传广告。被告的上述行为让诸多消费者及浏览者误认为原告系被告产品的代言人，事实上原告与被告并无合作。原告认为，被告行为侵害了原告的肖像权、姓名权，给原告造成了经济与精神损失。原告为维护自身合法权益，诉至法院。

一审法院认为，被告使用的图片系吴某的个人照，照片展示了吴某面部正面形象，具有高度识别性，其行为构成对吴某肖像权、姓名权的侵害，应承担相应的民事责任。被告在涉案产品的生产销售中，利用吴某的知名度宣传获益的意图明显，极易使一般公众误认为吴某为战狼品牌公司的产品代言人，因此认定战狼品牌公司的行为具有明显的商业属性，该种使用实则利用了吴某本人的知名度，借此来吸引更多的消费者，进而获取一定的经济利益，侵犯了吴某依法享有的肖像权、姓名权，应承担相应责任。

二审法院对一审法院的判决予以维持，认为一审法院在综合考虑战狼品牌公司使用吴某姓名、肖像照片的形式、范围、过错程度及侵权后果等因素后，判决战狼公司停止侵害、向吴某赔礼道歉的方式以及在法定幅度内酌情确定的战狼品牌公司赔偿吴某经济损失的金额并无不当。

肖像权作为我们的宝贵权利，必须得到尊重和保护，如果有人想侵害我们的肖像权或者利用我们的肖像去牟利，可以拿起法律武器维护自身权益。

Q4

如何防止电信诈骗？

电话里，招术奇

花钱赚钱不要理

INTERPRETATION　浩源解读

电信诈骗的目标在钱，而人通常什么时候容易给钱呢？一则是受诱惑，二则是受威胁，三则是被绕晕。在有人以不切实际的高回报向你抛出橄榄枝时，无论这个人是谁，我都真诚地建议各位问自己几个问题：

（一）我是谁？什么人出于什么原因给我钱？

（二）为什么不直接送给我还给我提条件？

一般来说，问完第二个问题，就会对自己有较为清醒的认识了。天上掉馅饼这种大福利，通常情况下唬不住人。因此，比电信诱惑更可怕的是电信威胁。电信威胁大体有两种，一种是循循善诱型，一开始装作专家、权威、工作人员，告诉你遇上了大麻烦，但是随后又以小救星、小天使的身份告诉你不要怕，自己会帮你解决，打你一棒又给颗糖吃，对于涉世不深又一时糊涂没有深究的学生和上班族来说，此时容易放松警觉，走上“破财消灾”之路。还有一些人不会那么“温情款款”，他们声称是银行、国家机关，直接向你下最后通牒，告诉你陷入了大麻烦，并以个人信用、个人隐私乃至牢狱之灾相要挟，有的人甚至会反复要挟，以求击垮你的精神防线，乖乖求着他们破财消灾。

但是各位不妨想一下，如果自己没有做错事，他们为何会找上门？如果自己确实有他们所说的情况，都这么严重了，怎么说都得发个函件。这个时候，你就可以带着怀疑，选择直接报警或联系官方平台（切记不要使用对方提供的链接和电话）。反正事态都那么严重了，不如直接找权威的大机构大机关解决困难，岂不是更好？

通常情况下,没有人可以一通电话就把钱拿走，哪怕是你的父母。不断加强这样的意识和觉悟，有助于防止被骗。遇到好事和坏事，多发出一些质疑：我有过什么违法违规行为吗？有问题，找公安，准没错。

浩源真诚建议大家下载国家反诈中心 App，在这个 App 里，你可以把你收到的疑似诈骗信息和诈骗电话的内容进行举报处理或者就此联系举报中心的工作人员。希望这对各位打消疑虑、远离诈骗有帮助。除此之外，记得关闭手机共享功能，拒绝共享相册、日历等信息，同时打开手机的电话、短信识别、拦截等功能。

LEGAL PROVISIONS REFERENCE | 法条援引

《关于办理电信网络诈骗等刑事案件适用法律若干问题的意见（一）》

（一）根据《最高人民法院、最高人民检察院关于办理诈骗刑事案件具体应用法律若干问题的解释》第一条的规定，利用电信网络技术手段实施诈骗，诈骗公私财物价值三千元以上、三万元以上、五十万元以上的，应当分别认定为刑法第二百六十六条规定的“数额较大”“数额巨大”“数额特别巨大”。

二年内多次实施电信网络诈骗未经处理，诈骗数额累计计算构成犯罪的，应当依法定罪处罚。

（二）实施电信网络诈骗犯罪，达到相应数额标准，具有下列情形之一的，酌情从重处罚：

1. 造成被害人或其近亲属自杀、死亡或者精神失常等严重后果的；

2. 冒充司法机关等国家机关工作人员实施诈骗的；

3. 组织、指挥电信网络诈骗犯罪团伙的；

4. 在境外实施电信网络诈骗的；

5. 曾因电信网络诈骗犯罪受过刑事处罚或者二年内曾因电信网络诈骗受过行政处罚的；

6. 诈骗残疾人、老年人、未成年人、在校学生、丧失劳动能力人的财物，或者诈骗重病患者及其亲属财物的；

7. 诈骗救灾、抢险、防汛、优抚、扶贫、移民、救济、医疗等款物的；

8. 以赈灾、募捐等社会公益、慈善名义实施诈骗的；

9. 利用电话追呼系统等技术手段严重干扰公安机关等部门工作的；

10. 利用“钓鱼网站”链接、“木马”程序链接、网络渗透等隐蔽技术手段实施诈骗的。

LEGAL CASE	案例

施某与中国工商银行股份有限公司
上海市水电路支行储蓄存款合同纠纷

原告施某于 2010 年 2 月 6 日在被告中国工商银行股份有限公司上海市水电路支行处开办尾号为 0923 的理财金账某（以下简称涉案账某）。2016 年 12 月 28 日前，原告连续接到自称警方人员的电话，要求原告协助警方办案，将名下全部资金归集到工商银行账某，并要求原告办理电子密码器以便冻结资金。原告以为电子密码器的作用是冻结资金，遂于 12 月 28 日到被告处领取了电子密码器。嗣后，原告根据上述人员的电话指令使用密码器，并将密码器上生成的数字告诉对方。同时，原告将其农业银行 69 万余元、工商银行定期存款 41 万余元、建设银行 2 万元归集到涉案账某。同年 12 月 30 日，原告经他人提醒，查询了涉案账某存款，发现账某内资金 1,253,188 元被转走，遂向公安机关报案。原告认为，原、被告之间存在储蓄存款合同关系，被告应当保障存款人的合法权益不受侵犯。原告未开通网上银行，也未将账号和密码告知他人，被告未向原告告知密码器的功能、使用方法和注意事项，导致原告资金损失，故要求被告承担赔偿责任。

最后，法院认定被告在注册过程中，绑定开通手机银行、网上银行的方式，排除了储户的选择权，缺乏对储户合同权利的尊重，损害储户的合同自主权，更影响储户对电子银行使用风险的判断和风险责任的防范。被告未完全、充分履行信息披露义务，导致持卡人未能警惕可能发生的风险并及时采取必要的防范措施，相关权益未能得到有效保障。

由上述案例可见，如果遇到了电信诈骗，并且钱已经转出去，可以先与银行协商沟通，并且仔细复盘本次诈骗中银行是否采取了一定的防范措施，是否尽到了应尽的提醒义务。

TENEMENT

④

房租篇

Q1

签订租房合同时，房东要求租户承担屋内设施的维修义务，合理吗？

租房修缮，出租人修

如有约定，遵照约定

房内设施，不可擅动

INTERPRETATION 浩源解读

租房时，有些房东会极为强势地在签订合同时写下让租户自行维修房中家电的条款，这样合理吗？其实我们的《民法典》已经明确了出租人的维修义务。维修义务是指在租赁物出现不符合约定的使用状态时，出租人须对该租赁物进行修理和维护，以保证承租人能够正常使用该租赁物。作为租赁物的所有人，尽管租赁期内并未直接占有，出租人对其所有物进行维修以保持其良好状态也是应尽的一项义务。同时，出租人负有按约定交付租赁物、维持租赁物用途的主给付义务。

之所以原则上由出租人承担维修义务，主要是因为出租人负有使租赁物在租赁期限内保持其约定用途的主给付义务。当租赁物产生需要维修的情形时，承租人也可以主张损害赔偿或解除合同来寻求救济。承租人使用租赁物就是要使租赁物发挥其效用，以满足自己的需要，这就要求租赁物本身应保持一个良好的状态，具备它本身的性能，发挥它本身的效能，当该租赁物出现妨碍使用的情况时，就要对其进行维修。

法律将维修的义务加诸出租人是从租赁合同的特点出发的：一是租赁物的所有人在绝大多数情况

下是出租人，出租人要对自己的财产负责，要延长租赁物的使用期，对租赁物进行正常的养护和维修，维护的是自己的利益；二是出租人出租租赁物是为了收取租金，承租人支付租金是为了使用租赁物，如果租赁物不能使用了，承租人订立合同的目的就不能实现，再让他支付租金是不公平的。

出租人的维修义务并不是绝对的，可以在合同中约定成由承租人自己维修。如果遇到这种情况，承租人可以坚持由出租方维修，或者借此要求降低合同租金或延长居住时间。

由此引申开来，在租赁合同的履行期间，也有可能遇到房东提出搬走家电家具，或者要求将一些废旧物品存放在房屋内的情况。这时我们要明确的是，在商定租赁房屋的价格时，租金就包括了能够使用的家电家具和使用空间。如果搬走一些家电家具，势必降低房屋品质，使生活的便利性大打折扣，而增多物品的话，会挤压承租者的生活空间，也就是说在租金不变的情况下，房屋的品质下降了，承租者在使用房屋时的便利性下降了。所以一旦房东提出这种要求，租户是可以坚决拒绝，或要求降低租金的。

LEGAL PROVISIONS REFERENCE　法条援引

《中华人民共和国民法典》

第七百零八条　出租人应当按照约定将租赁物交付承租人，并在租赁期限内保持租赁物符合约定的用途。

第七百一十二条　出租人应当履行租赁物的维修义务，但是当事人另有约定的除外。

第七百一十三条　承租人在租赁物需要维修时可以请求出租人在合理期限内维修。出租人未履行维修义务的，承租人可以自行维修，维修费用由出租人负担。因维修租赁物影响承租人使用的，应当相应减少租金或者延长租期。

因承租人的过错致使租赁物需要维修的，出租人不承担前款规定的维修义务。

Q2

和朋友合租，但租房合同上并没有我的名字，房东要告我非法占用他家房子，怎么办？

与人合租，名款双定

如不落名，常有后患

联系房东，早做沟通

INTERPRETATION	浩源解读

房屋租赁不同于生活中其他动产和不动产的租赁活动，生活中，如果不是充分信任并完全委托于中介，房屋租赁交易的达成，往往建立在房东对于房客的审慎考察和接受之上。毕竟是把重要的财产——房子交给一个陌生人占有，并享有除所有权和重大增改建、修缮之外的绝大多数权益。但为了防止承租人做出有害所有权的行为，房客的权益基础被法律设计为占有使用权，这也为房客合理使用房屋的范围划定了边界。比如，许多房东明确要求房客不能转租房屋或部分房间。在房东不知情或者已经限制了居住人数的情况下，与朋友合租可能被视为转租的一种，虽然转租的租金变成了合租时的分摊，以此补充原本需要一个人完全承担的房租，这一操作看起来对各方都没有影响，但实际上由于租客成了未被授权的二房东，对于租客和合租者来说，分别潜藏了违约的法律风险和无权占有的法律风险。此时，房东当然可以要求自己不认识的合租客搬出房子，甚至可以以租客违约为由解除与原本租客的合同，利用法律手段让租客搬走。

但如果房东对合租知情，或者合租后超过六个月没有提出反对意见，则视为房东同意了转租或合租。

如果由于合同中没有载明合租者的信息，而发生法律纠纷，就只能诉求法院确认合租合同关系并要求房东履行合同内容。此时，需要保存的证据有：交房租的银行流水或转账记录、与房东协商沟通租赁事宜的文字或音视频记录、合租室友对合租情况的证人证言等。当然，这种情况下最要紧的，一般是维护自己的权益且找到下一个落脚点。房东非要与你解除合同，说明两者关系已经出了一些问题，之后续约，常有解约、拒租的风险，不如提早离开。

除了合租问题，我们在租房过程中，也常会遇到房东在合同到期后表示按时交房租即可，不用再签续约合同这样的情况，这对于承租人来说，是有一定风险的。这是以口头约定的方式履行租赁合同，属于不定期合同，此时，双方都有权随时解除租赁合同，出租人有权要求承租人限期搬离，如果没有找好下一个住处，就会造成极大的不便。房东与房客的关系未必牢固，租房过程中也经常有各种意外情况发生。因此建议口头约定之后，补充书面协议，以备不时之需，特别是避免以无固定期限合同为由被临时赶走。

所以，这里建议大家在租房时，一定要将合租者的名字体现在合同上，续租时也要签订书面合同，除了维护自身的合同权利，也能给在异乡奋斗的大家提供便利，比如租房合同还可以被用来提取住房公积金、申请居住证、异地办理护照、报考驾照等。

LEGAL PROVISIONS REFERENCE 法条援引

《中华人民共和国民法典》

第七百零七条 租赁期限六个月以上的，应当采用书面形式。当事人未采用书面形式，无法确定租赁期限的，视为不定期租赁。

第七百一十六条 承租人经出租人同意，可以将租赁物转租给第三人。承租人转租的，承租人与出租人之间的租赁合同继续有效；第三人造成租赁物损失的，承租人应当赔偿损失。

承租人未经出租人同意转租的，出租人可以解除合同。

第七百一十七条 承租人经出租人同意将租赁物转租给第三人，转租期限超过承租人剩余租赁期限的，超过部分的约定对出租人不具有法律约束力，但是出租人与承租人另有约定的除外。

第七百一十八条 出租人知道或者应当知道承租人转租，但是在六个月内未提出异议的，视为出租人同意转租。

Q3

邻居（合租人）太吵，影响休息，能主张权利吗？

邻里安静，地义天经

不堪吵闹，先礼后警

INTERPRETATION 浩源解读

这属于典型的相邻关系纠纷。自租住之日起，房客就对于租住的房屋地享有了占有使用的权利，相对于隔壁空间，形成了一种区分占有。对于权利人（对房屋的使用权）而言，有合理排除干扰、充分享受权益的权利。根据相邻关系的相关规定，如果合租的人吵闹不堪，影响权利人正常使用（睡眠、休息、工作），可以向居委会、物业、民警反映解决，也可以诉至法院，要求停止吵闹，维护自己的合法权益。

如果发出噪声的人说，租客并不是房主怎么办呢？这里向大家介绍下，相邻关系的权利人，不仅包括房屋的所有权人，也包括使用权人，由此延伸，不仅包括物理空间毗邻的人，也包括物理空间不毗邻但权利是相互邻接的人，比如河流上游与下游土地的权利人，使用同一面承重墙的一层与三层的住户，都是存在相邻关系的人。

一些国家民法里把“不可称量物质侵入”作为相邻关系的重要内容。“不可称量物质侵入”包括煤气、蒸汽、热气、喧嚣、振动等，以及其他类似物质侵入相邻不动产。只是如何调整、处理的论述角度有所不同。在相邻关系中，不动产向相邻不动产施放噪声是难免的，但是要控制施放噪声的分贝以及施放噪声的时间，不得影响相邻不动产正常的生产、生活。比如，北京市在 2006 年就发布过《北京市环境噪声污染防治办法》，针对常见的噪声扰民做出了限制。

LEGAL PROVISIONS REFERENCE	法条援引

《中华人民共和国民法典》

第二百八十八条 不动产的相邻权利人应当按照有利生产、方便生活、团结互助、公平合理的原则，正确处理相邻关系。

第二百九十四条 不动产权利人不得违反国家规定弃置固体废物，排放大气污染物、水污染物、土壤污染物、噪声、光辐射、电磁辐射等有害物质。

《北京市环境噪声污染防治办法》

第三十五条 法定休息日、节假日全天及工作日 12 时至 14 时、18 时至次日 8 时，禁止在已竣工交付使用的居民住宅楼内进行产生噪声的装修作业。在其他时段内进行装修作业的，应当采取措施，减轻对周围生活环境的干扰。

在已竣工交付使用的其它建筑内进行装修作业的，应当采取措施，减轻对周围生活环境的干扰。

Q4

租房合同未到期，房东却强制要求搬走，该怎么办？

房东催着搬，先和房东谈

如果谈不拢，警察媒体办

INTERPRETATION　浩源解读

合同未到期，房东强制要求租客搬走，且没有提供合理的期限让租客寻找住处，情况紧急，可以报警，在民警的协助下与房东协商。在争取到准备期后，一边寻找稳妥的落脚地，一边向法院提起诉讼。提起诉讼不只可以请求法院要求房东履行合同，也可以通过判决的形式果断解除合同，要求房东退还剩余租金并支付违约金。报警除了可以震慑一些图谋不轨的房东之外，也可以留下出警记录，作为日后起诉房东、证明房东违约的证据之一。同时，也推荐找得力的本地媒体，协同解决。

LEGAL PROVISIONS REFERENCE 法条援引

《中华人民共和国民法典》

第五百七十七条 当事人一方不履行合同义务或者履行合同义务不符合约定的，应当承担继续履行、采取补救措施或者赔偿损失等违约责任。

第五百七十八条 当事人一方明确表示或者以自己的行为表明不履行合同义务的，对方可以在履行期限届满前请求其承担违约责任。

Q5

房东（中介）不退还租房押金，该怎么办？

租房押金不肯还

投诉诉讼来解难

裁决之后还不做

执行局来收价款

INTERPRETATION 浩源解读

租房时，直接从房东处租会将押金交给房东，通过中介公司租会将押金交给中介公司。租期届满或因事正常解除合同不再租住，无论是房东还是房地产中介都应当退还押金，但这个时候，极有可能遇见对方玩儿失踪，或者找各种理由说明租户在租住过程中有违约行为而拒绝返还押金的情况。如果对方是中介的话，建议向市场监督管理局或者公安机关反映，也可以向本地的电视台、有影响力的媒体反映，有些中介是隶属于房地产业协会的，可以向协会反映。如果对方是自然人的房东，建议直接走起诉程序，比如北京的法院有小额速裁程序，一次快速裁决处理类似租房押金的这种小额经济案件。

如果经过裁决之后，法院判决由房东向房客退还押金，房东却迟迟不履行该怎么办呢？这里向大家介绍下法院的审判与执行流程，我们从审判法官处取得判决或者调解书后，如果房东还没有主动退还押金，我们就要向执行局申请强制执行。执行局有财产查控系统，可以查询市面上常见银行的全部银行账户，现在还可以查询到微信账户与支付宝账户，能够直接扣划财产。如果是一些大额债权，还可以查询到名下的汽车与不动产，不动产可以进行司法拍卖，动产汽车查封以后，也可以出售或者抵押。尽管有时候会有抱怨的声音，说司法程序烦琐耗时，但请相信我们的司法程序是有强制执行力的，可以成为我们维护自身权利最稳固的依靠。

LEGAL PROVISIONS REFERENCE	法条援引

《中华人民共和国民法典》

第五百六十二条 当事人协商一致，可以解除合同。

当事人可以约定一方解除合同的事由。解除合同的事由发生时，解除权人可以解除合同。

第五百六十六条 合同解除后，尚未履行的，终止履行；已经履行的，根据履行情况和合同性质，当事人可以请求恢复原状或者采取其他补救措施，并有权请求赔偿损失。

合同因违约解除的，解除权人可以请求违约方承担违约责任，但是当事人另有约定的除外。

主合同解除后，担保人对债务人应当承担的民事责任仍应当承担担保责任，但是担保合同另有约定的除外。

第五百六十七条 合同的权利义务关系终止，不影响合同中结算和清理条款的效力。

MONEY MANAGEMENT

5

理财篇

Q1

信用卡套现违法吗？

勿以恶小而为之，

套现当然是犯法，

切勿拿“不知”当借口。

INTERPRETATION 浩源解读

依据银行的规定，信用卡持卡人按照银行的操作指引从信用卡中借取现金，并支付一定手续费，是我们通常说的“取现”，是合法的。“套现”是指，信用卡持卡人从销售点借助销售点的终端机（即“POS机”）等方法刷卡以后，从销售点直接获得套取的现金，通常这种情况终端机的持有者会收取一定费用。

为何会有套现的情况，非要从信用卡中套取现金不可呢？这与信用卡给予持卡人的“免息消费期”有关。信用卡作为一种信贷产品，如持卡人能正常偿还贷款，无须支付从消费日到还款日之间的利息，最高可以获得长达 56 天的免息时间，这段时间内，持卡人可以零成本使用资金。如果办理多张信用卡，并进行信用卡套现，则可以获得一笔数量可观又无须支付利息的款项，而用信用卡取现则需要支付一定的手续费,通常取现额度也会低于信用卡的可用额度，于是，信用卡套现的现象就发生了。

信用卡套现看起来是利用金融手段解燃眉之急，但实际上，对于银行资金管理和税收来说，都是扰乱经济秩序的行为。这种行为，国家已经开始严厉打击，并出台相关司法解释、配套惩处措施，处理套现特别是巨额套现行为。对于一些套出现金并用于放贷的行为，更是直接否认其借款合同的有效性，不予以法律的保护。

根据现行法律的规定，信用卡套现行为中向信用卡持卡人直接支付现金，情节严重的，极有可能触犯非法经营罪的罪名与刑罚，请大家自行检索。

LEGAL PROVISIONS REFERENCE	法条援引

《关于办理妨害信用卡管理刑事案件具体应用法律若干问题的解释》

第八条　恶意透支，数额在五万元以上不满五十万元的，应当认定为刑法第一百九十六条规定的“数额较大”；数额在五十万元以上不满五百万元的，应当认定为刑法第一百九十六条规定的“数额巨大”；数额在五百万元以上的，应当认定为刑法第一百九十六条规定的“数额特别巨大”。

第十二条　违反国家规定，使用销售点终端机具（POS机）等方法，以虚构交易、虚开价格、现金退货等方式向信用卡持卡人直接支付现金，情节严重的，应当依据刑法第二百二十五条的规定，以非法经营罪处罚。

实施前款行为，数额在一百万元以上的，或者造成金融机构资金二十万元以上逾期未还的，或者造成金融机构经济损失十万元以上的，应当认定为刑法第二百二十五条规定的“情节严重”；数额在五百万元以上的，或者造成金融机构资金一百万元以上逾期未还的，或者造成金融机构经济损失五十万元以上的，应当认定为刑法第二百二十五条规定的“情节特别严重”。

持卡人以非法占有为目的，采用上述方式恶意透支，应当追究刑事责任的，依照刑法第一百九十六条的规定，以信用卡诈骗罪定罪处罚。

《中华人民共和国刑法》

第一百九十六条 有下列情形之一，进行信用卡诈骗活动，数额较大的，处五年以下有期徒刑或者拘役，并处二万元以上二十万元以下罚金；数额巨大或者有其他严重情节的，处五年以上十年以下有期徒刑，并处五万元以上五十万元以下罚金；数额特别巨大或者有其他特别严重情节的，处十年以上有期徒刑或者无期徒刑，并处五万元以上五十万元以下罚金或者没收财产：

（一）使用伪造的信用卡，或者使用以虚假的身份证明骗领的信用卡的；

（二）使用作废的信用卡的；

（三）冒用他人信用卡的；

（四）恶意透支的。

前款所称恶意透支，是指持卡人以非法占有为目的，超过规定限额或者规定期限透支，并且经发卡银行催收后仍不归还的行为。

盗窃信用卡并使用的，依照本法第二百六十四条的规定定罪处罚。

第二百二十五条 违反国家规定，有下列非法经营行为之一，扰乱市场秩序，情节严重的，处五年以下有期徒刑或者拘役，并处或者单处违法所得一倍以上五倍以下罚金；情节特别严重的，处五年以上有期徒刑，并处违法所得一倍以上五倍以下罚金或者没收财产：

（一）未经许可经营法律、行政法规规定的专营、专卖物品或者其他限制买卖的物品的；

（二）买卖进出口许可证、进出口原产地证明以及其他法律、行政法规规定的经营许可证或者批准文件的；

（三）未经国家有关主管部门批准非法经营证券、期货、保险业务的，或者非法从事资金支付结算业务的；

（四）其他严重扰乱市场秩序的非法经营行为。

Q2

网上转账不小心转错人了，该怎么办？

找到对方，积极协商

协商不成，司法解决

飞来横财，莫私占有

INTERPRETATION 浩源解读

随着移动支付深入生活，手机转账已然成为必不可少的支付方式，其在给大众生活带来便利的同时，也存在一定的安全隐患。只需要输入一个电话号码或银行账号就能完成转账，因此稍不留神，钱款就汇错进了他人账户。

幸运的话，收款方愿意把钱退回，但假如收款方不愿意退还，或无法联系到收款人，该怎么办呢？此刻也不必惊慌，可以根据具体情况采取不同处理方式。

（一）假如将钱款汇错银行账户：第一步，求助警察，因为涉及收款方的信息调取，而公民个人往往不能取得个人信息等隐私，向警察求助也可以留下报警记录；第二步，立即前往开户行说明情况，了解和掌握收款方的信息；第三步，联系上收款方后，在民警的协调和见证下到派出所核实处置，这样也能打消对方的顾虑。

（二）假如通过微信、支付宝将钱款转错账户：应积极联系平台客服，说明情况。如联系上收款人，但其拒绝还款，或联系不上收款人，则需要进入法律程序之后拿到调查令，才能了解对方的详细信息。

除了联系平台的客服，向公安机关报案也是一个好办法。请求派出所制作报警记录，既能够证明发生过错误支付的事实，也能够及时固定证据留待日后使用。在已经知道收款人的情况下，就可以向收款人所在地的法院提起诉讼要求返还了。

那么，起诉的法律依据是什么呢？事实上，个人粗心转错账，并不意味着对方有理由获得这笔钱。如果拒不返还，可以参考《民法典》中不当得利的概念："得利人没有法律根据取得不当利益的，受损失的人可以请求得利人返还取得的利益。"

浩源提示：在转账时，收款人信息一定要确认确认再确认，转账后及时与收款人沟通。再次提醒，下载国家反诈中心 App，不要轻信网上转账信息，特别是遇到有要求转账的不明信息时，及时与家人、朋友沟通确认。

LEGAL PROVISIONS REFERENCE 法条援引

《中华人民共和国民事诉讼法》

第一百零四条 利害关系人因情况紧急，不立即申请保全将会使其合法权益受到难以弥补的损害的，可以在提起诉讼或者申请仲裁前向被保全财产所在地、被申请人住所地或者对案件有管辖权的人民法院申请采取保全措施。申请人应当提供担保，不提供担保的，裁定驳回申请。

人民法院接受申请后，必须在四十八小时内作出裁定；裁定采取保全措施的，应当立即开始执行。

申请人在人民法院采取保全措施后三十日内不依法提起诉讼或者申请仲裁的，人民法院应当解除保全。

《最高人民法院关于适用〈中华人民共和国民事诉讼法〉的解释》

第一百五十二条 …… 利害关系人申请诉前保全的，应当提供担保。申请诉前财产保全的，应当提供相当于请求保全数额的担保；情况特殊的，人民法院可以酌情处理。申请诉前行为保全的，担保的数额由人民法院根据案件的具体情况决定。

在诉讼中，人民法院依申请或者依职权采取保全措施的，应当根据案件的具体情况，决定当事人是否应当提供担保以及担保的数额。

Q3

遭遇“网贷”怎么办？

网络借钱，

贷款利率四倍封顶，

多要利息法院裁决。

INTERPRETATION 浩源解读

随着互联网时代的到来，民间借贷也扩展到了网上。虽然国家正在逐步加强对网贷的监管，但依然存在很多“裸贷”“校园贷”等违法犯罪行为，不法分子逐利本性导致高额复利（利滚利）的现象屡禁不止，有些复利甚至超出了借贷人办理贷款时的预估，各渠道催债信息的狂轰滥炸也给欠款者造成了难以承受的心理压力，有些欠款者甚至选择自杀。

虽然有借有还天经地义，但法律并不保护非法借贷。根据相关法律规定，金融机构主持的金融借款合同，借款人以贷款人同时主张的利息、复利、罚息、违约金和其他费用过高，显著背离实际为由，请求对总计超过年利率 24% 的部分予以调整的，应予以支持。这也就是说，无论合同怎样约定利息，在正规金融单位借款的，顶多还本金加年利率 24% 的利息。而什么是正规金融单位呢？是除了银行之外由地方金融监管部门监管的小额贷款公司、融资担保公司、区域性股权市场、典当行、融资租赁公司、商业保理公司、地方资产管理公司等七类地方金融组织。

如果不在此列，则可考虑依民间借贷的规则调整，依照规定，利率不能超过借款时一年期贷款市场报价利率的四倍。

网贷并不是洪水猛兽。事实上，如果利率合理、手续合规、渠道合法，在遇到困难时，向网贷求援，未尝不可。

LEGAL PROVISIONS REFERENCE 法条援引

《最高人民法院关于审理民间借贷案件适用法律若干问题的规定》

第二十五条 出借人请求借款人按照合同约定利率支付利息的，人民法院应予支持，但是双方约定的利率超过合同成立时一年期贷款市场报价利率四倍的除外。

前款所称“一年期贷款市场报价利率”，是指中国人民银行授权全国银行间同业拆借中心自2019年8月20日起每月发布的一年期贷款市场报价利率。

《最高人民法院关于新民间借贷司法解释适用范围问题的批复》

一、关于适用范围问题。经征求金融监管部门意见，由地方金融监管部门监管的小额贷款公司、融资担保公司、区域性股权市场、典当行、融资租赁公司、商业保理公司、地方资产管理公司等七类地方金融组织，属于经金融监管部门批准设立的金融机构，其因从事相关金融业务引发的纠纷，不适用新民间借贷司法解释。

LEGAL CASE	案例

某贷款公司与某商业银行签订了客户合作协议，约定由某贷款公司通过旗下 App 在网络上筛选适宜消费借款的客户推荐给某商业银行，由某商业银行提供消费性贷款，如客户未能按期还款，则由某贷款公司代为还款后，债权由某商业银行转移给某贷款公司，由某贷款公司向客户追偿。

2016 年 4 月，被告黄某在手机上下载了某贷款公司的 App，并通过 App 程序从某商业银行借款 5 万余元用于购买多种商品，约定分期还款，两年内还清。后黄某因资金紧张，在偿还 4 期后便停止还款。债务逾期后，某贷款公司依约向某商业银行代为偿还借款，并向黄某索要欠款本金及利息、逾期罚息、违约金、手续费等。在案件审理过程中，被告黄某对借贷等事实均无异议，但提出原告主张的利息、逾期罚息、违约金、手续费等费用过高，认为应参照民间借贷的利率上限支付利息。

法院认为，黄某所借贷的对象实际上是商业银行，即金融机构。那么在黄某认可借贷事实的情况下，年息依照《最高人民法院关于进一步加强金融审判工作的若干意见》，最高不得超过 24%。因此法院支持黄某的请求，依法判决被告黄某偿还本金及按照年利息 24% 计算的利息。

这一案件启发我们，在有小额贷款公司、融资担保公司、区域性股权市场、典当行、融资租赁公司、商业保理公司、地方资产管理公司，以及商业银行为支持的借款平台中，消费者寻求贷款时，一定要明确贷款的对象，这些依法设立、接受监管的金融机构，并不适用最高利息不得超过一年期贷款市场报价利率四倍的规定，而是适用不得超过年利率 24% 的规定。在借款时一定擦亮双眼，不要给自己带来不必要的经济负担。

Q4

在不知情的情况下被人冒用身份信息办理信用卡，会影响征信吗？

冒己名办信用卡

如有滥刷征信差

快快查询兼报警

以免无妄被“送达”

INTERPRETATION 浩源解读

办理信用卡这件事情本身，并不会影响征信。但若出现逾期未还款被追诉的情况，是会影响征信的。

如果发现自己被人冒用身份信息办理了信用卡，首先要及时与银行沟通，最简单的做法是拨打 95 开头的银行服务电话，提供身份证号码，或者持身份证到网点，这样就能查询是否在该银行办有信用卡。如果被人冒用身份信息办理信用卡,但卡没有被盗刷，要及时注销账号；如果已经被盗刷消费过，最好的做法是及时报警，存留出警记录存证，及时联系银行的信用卡部要求注销，在提供本人身份证的情况下，还可以打印信用卡消费记录，便于推断是何人办卡、在何处消费了。在这种情况下，如果出现逾期，会被记录在人民银行的征信系统内。

如果因为逾期被起诉，进入了诉讼程序，是极有可能影响征信的。在实践中，有一个程序叫作“公告送达”，在无法联系到被告的情况下，由人民法院在报刊发布公告,公告期一过,就视为已经向被告送达了诉讼文书。在信用卡案件中，有一部分被告（欠款人）是联系不上的，“公告送达”之后，经过审判程序确认了债务，一旦进入执行程序，除了会在中国人民银行征信系统中有逾期记录之外,还极有可能被列入失信被执行人名单。

诉讼并非易事。若面临的问题只能通过诉讼的途径解决，最好第一时间寻求专业人士的帮助，在专业人士的指导下厘清事实，整理证据，及时并最大限度维护自己的权利。

LEGAL PROVISIONS REFERENCE 法条援引

《中国人民银行征信业务管理办法》

第二十六条 信息主体认为信息存在错误、遗漏的，有权向征信机构或者信息提供者提出异议；认为侵害自身合法权益的，可以向所在地中国人民银行分支机构投诉。对异议和投诉按照《征信业管理条例》及相关规定办理。

LEGAL CASE 案例

赵某、中国银行股份有限公司福建省分行信用卡纠纷

2017 年 3 月 27 日，赵某查询个人信用报告时发现中国银行福建省分行于 2009 年 3 月 9 日发放了一张赵某名下的贷记卡（授信额度为 70000 元），且已产生多起逾期记录。但赵某自 2008 年大学毕业后便一直在松溪工作生活，从未在中国银行福建省分行处申请过贷记卡，亦从未领取使用过该贷记卡。赵某意识到该贷记卡系被他人冒办、冒领使用，遂当即电话联系中国银行福建省分行，要求冻结该贷记卡并要求中国银行福建省分行提供相关办卡资料。根据中国银行福建省分行提供的相关申请办卡资料可看出，赵某名下的贷记卡申请资料中申请人签名非赵某本人签署，此外诸多赵某个人信息亦均是虚构的，如出生日期、住宅地址、联系电话、婚姻状况等均与赵某本人实际情况不符。以上系中国银行福建省分行的过错导致赵某的身份信息被冒用，最终导致该贷记卡被冒领使用，赵某遂要求中国银行福建省分行立即注销该贷记卡并消除该卡引起的不良信用记录，但中国银行福建省分行予以拒绝。之后，经多方调查了解，赵某才得知系案外人程某凭借赵某身份证复印件冒办了涉案贷记卡，并由案外人程某冒领且一直由其使用消费该贷记卡。2017 年 4 月 26 日，经赵某要求，案外人程某亦至中国银行福建省分行处进行说明。中国银行福建省分行在为他人办理信用卡时未严格按照程序审查，导致赵某的身份信息被他人冒用，存在明显的过错，该行为已直接侵害到赵某的合法权益，赵某多次与中国银行福建省分行沟通甚至发函要求中国银行福建省分行注销该贷记卡及消除由该卡引起的不良记录，但中国银行福建省分行均予以拒绝，尤其当中国银行福建省分行已明知该卡系案外人程某冒办、冒领、冒用的情况下亦拒绝回应赵某的合理要求，无奈赵某不得不选择报警及向中国银监会（2018 年该机构已撤销）福建监管局投诉反映，但均未果。赵某长期在松溪工作生活，自 2017 年 3 月得知因中国银行福建省分行因素导致赵某信息被人冒用并办理了涉案贷记卡后，三年多以来赵某不得不多次请假从外地赴榕沟通、处理此事，其间直接造成赵某误工费、交通费、住宿费等各项经济损失。

法院认为，本案虽涉及信用卡，但实际系案外人冒办的行为侵害当事人民事权益而引起的纠纷，应属于侵权责任纠纷，不应为信用卡纠纷。

随着现代经济社会的发展，信用卡在大众的生活、消费领域扮演着日益重要的角色，信用卡不但有储蓄功能，而且根据个人信用额度透支，如客户使用不善或未及时还款，不但直接影响其资金安全，也会影响个人征信进而影响生活的方方面面。银行作为信用卡的办理机构，在信用卡的办理过程中占据主导地位，应当承担严格的审核义务，规范办理流程，方能保障卡片所有人的合法权益。

本案中，中国银行福建省分行在涉案信用卡的办理和核查的过程中，对于申请人所持身份材料是否系本人所有未尽到合理的审核义务，存在过错，该过错与实际申领人的行为共同导致涉案信用卡未经赵某知情同意就使用了赵某的身份信息，并因此导致赵某产生债务及在中国人民银行征信中心产生不良征信记录。行为人因其行为侵害他人民事权益，应当承担侵权责任。

现赵某要求中国银行福建省分行恢复原状，消除其发放的贷记卡产生的原告赵某名下全部债务并注销该信用卡、消除因上述债务产生个人不良征信记录的诉讼请求，合法有据，法院予以支持。中国银行福建省分行实际贷出的款项部分及其产生的利息等其他费用可向实际使用的案外人追偿。

CAMPUS

⑥

校园篇

Q1

我的论文被老师署名发表了，该怎么办？

署名发表，德才有亏

学生虽小，法律来备

INTERPRETATION 浩源解读

说到论文署名，我们要引入两个概念，一个是“作品”的概念，一个是“署名”的概念。

根据《中华人民共和国著作权法》对作品的定义，作品指的是“文学、艺术和科学领域内具有独创性并能以一定形式表现的智力成果”（这里我们假定全部为创作的文字，不考虑论文中有无汇编或者引用公式等情况）。当然，撰写论文的作者享有的权利，包括人身权与财产权两大部分，人身权中的署名权，即在作品上署名的权利。不光是论文，自己平时创作的小说、小诗歌，以及小剧本，都是作品，都是不能被他人署名出版的。当然，作者同意联合署名的情况除外。

生活里常见的情况是，未经作者授权，也没有保留原作者名字，就在网络平台上转载他人文章，这极有可能侵犯了著作的署名权。此前北京知识产权法院处理过未经授权转载并没有刊登原作者名字的案件，结果是被告（也就是侵权人）被判决要求停止侵权（删除文章），在网站上道歉，并赔偿原告一部分经济损失。

当前，合作愉快的师生为多，但有少数老师打着研究项目文章、合作发文甚至收集素材的旗号，将学生的科研成果占为己有，学生心中多少会有怨言。

如以著作权的角度看，学生独立创作出的文字（规范论文、学术性文章），如为原创的表达（不是简单罗列材料），自写成之日起，学生即享有该作品的著作权，受《著作权法》保护。

目前，教育部门和高校正加大师风师德的建设力度，从严监督、坚决打击各种形式的学术不端。强行占据学生科研成果，是一种彻底的剽窃手段。如果遇到老师强占论文的情况，可以将两篇论文的论点、论据、行文进行比较，形成书面证据和材料，向院教务处、校教务处、学生处反映。如果老师是党员，还可以将材料反映到院党委、党组，校党委，纪检部门等。如若仍无法制止侵权行为，建议在专业知识产权律师的辅助下进行诉讼。以上说的只是论文，如果涉及可以专利化的科研成果和设计成果，则应在纠纷发生之日起，积极固定证据，寻求专业知识产权律师的帮助，尽快地解决争议，同时也要妥善处理师生关系。

LEGAL PROVISIONS REFERENCE 法条援引

《中华人民共和国著作权法》

第三条 本法所称的作品，是指文学、艺术和科学领域内具有独创性并能以一定形式表现的智力成果，包括：

（一）文字作品；

（二）口述作品；

（三）音乐、戏剧、曲艺、舞蹈、杂技艺术作品；

（四）美术、建筑作品；

（五）摄影作品；

（六）视听作品；

（七）工程设计图、产品设计图、地图、示意图等图形作品和模型作品；

（八）计算机软件；

（九）符合作品特征的其他智力成果。

第十条 著作权包括下列人身权和财产权：

（一）发表权，即决定作品是否公之于众的权利；

（二）署名权，即表明作者身份，在作品上署名的权利；

（三）修改权，即修改或者授权他人修改作品的权利；

（四）保护作品完整权，即保护作品不受歪曲、篡改的权利；

…………

Q2

学校强制安排实习，该如何应对？

全职实习，须合法规

不得扣证，挟持学位

敢于投诉，权利应维

INTERPRETATION 浩源解读

全日制学历教育的中等职业学校与高等职业学校，在遵守《职业学校学生实习管理规定》要求的前提下，可以组织学生实习。本着实现产研学转化，使学生尽快在“做中学”“学中做”，学校会与相关企业校企联合，为学生安排实习项目。如果是时间合理、薪酬合理、课程也名副其实的校企合作实习，不算强制实习，是纳入国家教育部门规范管理的实习项目。

如果是顶岗，即全职实习，可以申请自主选择实习地点。但有的学校，名为实习，实际上将学生作为免费劳动力来使用，这种情况正在被严厉打击，根据教育部等八部门联合发布的《职业学校学生实习管理规定》，学校要组织学生到岗位对口的单位实习，任何单位和部门不能强制干预学校选择实习地或者强迫学生到指定单位实习。遇到这类情况，学生和家长可以拨打教育部公布的教育部及各省级教育行政部门职业院校学生实习热线电话，反映相关问题。

在实习时，一定要注意与学校、实习单位签订实习协议，没有签订协议是不可以安排学生实习的；对于高空、井下、放射工作，以及酒吧、夜总会等娱乐场所的实习，是可以拒绝的。并且，根据《职业学校学生实习管理规定》中的内容，如果实习中遇到扣押学生身份证、收取押金或者从学生的报酬中收取提成、不实习就扣发毕业证、要求学生超时劳动、没有提供合理的安全保护等情况，都可以向教育部门以及监管部门反映。

LEGAL PROVISIONS REFERENCE 法条援引

《职业学校学生实习管理规定》

第二条 本规定所指职业学校学生实习，是指实施全日制学历教育的中职学校、高职专科学校、高职本科学校（以下简称职业学校）学生按照专业培养目标要求和人才培养方案安排，由职业学校安排或者经职业学校批准自行到企（事）业等单位进行职业道德和技术技能培养的实践性教育教学活动，包括认识实习和岗位实习。

第九条 职业学校安排岗位实习，应当取得学生及其法定监护人（或家长）签字的知情同意书。对学生及其法定监护人（或家长）明确不同意学校实习安排的，可自行选择符合条件的岗位实习单位。认识实习按照一般校外活动有关规定进行管理，由职业学校安排，学生不得自行选择。

第十条 学生自行选择符合条件的岗位实习单位，应由本人及其法定监护人（或家长）申请，经学校审核同意后实施，实习单位应当安排专门人员指导学生实习，职业学校要安排实习指导教师跟踪了解学生日常实习的情况。

第十一条 ……任何单位或部门不得干预职业学校正常安排和实施实习方案，不得强制职业学校安排学生到指定单位实习，严禁以营利为目的违规组织实习。

第二十条 职业学校和实习单位不得向学生收取实习押金、培训费、实习报酬提成、管理费、实习材料费、就业服务费或者其他形式的实习费用，不得扣押学生的学生证、居民身份证或其他证件，不得要求学生提供担保或者以其他名义收取学生财物。

Q3

遇到校园霸凌、暴力事件该如何应对？

校园欺凌不可惧

勇于父母老师讲

今有国法严如山

不叫霸王逞暴强

INTERPRETATION 浩源解读

校园霸凌是一种屡禁不止的社会现象。基于家庭教育、学校引导、同学交往等种种原因，有些强势或是有话语权的同学，会采用各种暴力、攻击和侮辱性的行为，比如打、踢、抓咬、推搡、勒索、抢夺和破坏物品、辱骂、讥讽、挖苦、起外号等，对被霸凌者进行反复的伤害。霸凌者通常一个人或一群人，往往有较强的体力，除了语言或肢体上的霸凌行为，还会通过电话、网络、信件等形式对被霸凌者施加负面影响，受害的一方通常在身体、心理上受到伤害，在社会交往中出现心理障碍。

校园霸凌并不是某个班级或某个学校的小范围事件，而是整个社会都应关注的问题。加强学校管理职能和责任，对教育部门、公安部门等相关部门提出加强管理的要求都是可以采取的对策。同时，也要反复向所有家长和孩子强调霸凌的严重性和遇到问题时的解决策略。

目前我国已经有了专项保护未成年人在校园身体与心理安全的规定，即《未成年人学校保护规定》，一些严重的霸凌行为，则需要由《中华人民共和国治安管理处罚法》和《中华人民共和国刑法》管理。对于施加霸凌行为而年纪未满十二岁的未成年人来说，他们不会受到刑法的追责。但对于十二至十六岁的未成年人而言，如果行为严重到危害生命和社会公序良俗的地步，则可能受到刑法的追责。十六岁以上的未成年人尽管受到刑法一定程度的宽恕，但对于所犯下的人身伤害、侮辱、诽谤等罪行，如果条件满足，仍可处以相应的惩罚，有些重罪的记录也会跟随他们终身。

对于所有十八岁以下的未成年人来说，其监护人，乃至其本人都可以是民法追责的对象。特别是，霸凌行为经常与身体、精神、名誉、隐私等权利息息相关，受害方完全可以通过民事诉讼来获得相应的救济和法律上的保护。侵权者应当惊醒，而受害者不应退缩。

在霸凌事件发生时，被霸凌者一定要第一时间同老师、家长和学校联系。最新颁布的《未成年人学校保护规定》明确了学校要即时调查、处理并向有关机关汇报霸凌事件的机制，如果未履行相应职责，学校和校领导将受到相应惩戒。在我看来，如果学校接案后没有尽职调查，最后导致侵权结果发生、扩大的，也可依据“侵权责任编”的相关法律，起诉学校未尽保护义务。特别是针对近年来校园暴力频发、手段恶劣、年龄低龄化的趋势，2020 年的《中华人民共和国刑法修正案（十一）》将法定最低的负刑事责任的年龄做了下调：“已满十二周岁不满十四周岁的人，犯故意杀人、故意伤害罪，致人死亡或者以特别残忍手段致人重伤造成严重残疾，情节恶劣，经最高人民检察院核准追诉的，应当负刑事责任。”不只是犯故意杀人罪、故意伤害罪才负刑事责任，“以特别残忍手段”造成他人残疾等严重后果，也要负刑事责任，这主要是指故意要造成他人严重残疾而采用毁容、挖人眼睛、砍掉人双脚等特别残忍的手段伤害他人的行为。本款中的“情节恶劣”需要结合犯罪的动机、手段、危害、造成的后果、悔罪表现等犯罪情节综合进行判断，包括行为人主观恶性很大、有预谋有组织地实施、采用残忍手段、多次实施、致多人死亡或者重伤造成严重残疾、造成恶劣的社会影响等情形。曾经在新闻上见到的在同班同学脸上身上刺字的霸凌事件，造成被害人毁容，依照2020年刑法修正案的规定，就要承担刑事责任了。

LEGAL PROVISIONS REFERENCE 法条援引

《未成年人学校保护规定》

第十八条　学校应当落实法律规定建立学生欺凌防控和预防性侵害、性骚扰等专项制度，建立对学生欺凌、性侵害、性骚扰行为的零容忍处理机制和受伤害学生的关爱、帮扶机制。

第十九条　学校应当成立由校内相关人员、法治副校长、法律顾问、有关专家、家长代表、学生代表等参与的学生欺凌治理组织，负责学生欺凌行为的预防和宣传教育、组织认定、实施矫治、提供援助等。

学校应当定期针对全体学生开展防治欺凌专项调查，对学校是否存在欺凌等情形进行评估。

第二十一条 教职工发现学生实施下列行为的，应当及时制止：

（一）殴打、脚踢、掌掴、抓咬、推撞、拉扯等侵犯他人身体或者恐吓威胁他人；

（二）以辱骂、讥讽、嘲弄、挖苦、起侮辱性绰号等方式侵犯他人人格尊严；

（三）抢夺、强拿硬要或者故意毁坏他人财物；

（四）恶意排斥、孤立他人，影响他人参加学校活动或者社会交往；

（五）通过网络或者其他信息传播方式捏造事实诽谤他人、散布谣言或者错误信息诋毁他人、恶意传播他人隐私。

学生之间，在年龄、身体或者人数等方面占优势的一方蓄意或者恶意对另一方实施前款行为，或者以其他方式欺压、侮辱另一方，造成人身伤害、财产损失或者精神损害的，可以认定为构成欺凌。

第二十三条 学校接到关于学生欺凌报告的，应当立即开展调查，认为可能构成欺凌的，应当及时提交学生欺凌治理组织认定和处置，并通知相关学生的家长参与欺凌行为的认定和处理。认定构成欺凌的，应当对实施或者参与欺凌行为的学生作出教育惩戒或者纪律处分，并对其家长提出加强管教的要求，必要时，可以由法治副校长、辅导员对学生及其家长进行训导、教育。

对违反治安管理或者涉嫌犯罪等严重欺凌行为，学校不得隐瞒，应当及时向公安机关、教育行政部门报告，并配合相关部门依法处理。

不同学校学生之间发生的学生欺凌事件，应当在主管教育行政部门的指导下建立联合调查机制，进行认定和处理。

《中华人民共和国刑法》

第十七条　已满十六周岁的人犯罪，应当负刑事责任。

已满十四周岁不满十六周岁的人，犯故意杀人、故意伤害致人重伤或者死亡、强奸、抢劫、贩卖毒品、放火、爆炸、投放危险物质罪的，应当负刑事责任。

已满十二周岁不满十四周岁的人，犯故意杀人、故事伤害罪，致人死亡或者以特别残忍手段致人重伤造成严重残疾，情节恶劣，经最高人民检察院核准追诉的，应当负刑事责任。

对照前三款规定追究刑事责任的不满十八周岁的人，应当从轻或者减轻处罚。

因不满十六周岁不予刑事处罚的，责令其父母或者其他监护人加以管教；在必要的时候，依法进行专门矫治教育。

第二百三十四条 故意伤害他人身体的，处三年以下有期徒刑、拘役或者管制。

犯前款罪，致人重伤的，处三年以上十年以下有期徒刑；致人死亡或者以特别残忍手段致人重伤造成严重残疾的，处十年以上有期徒刑、无期徒刑或者死刑。本法另有规定的，依照规定。

WORKPLACE

⑦

职场篇

Q1

在上班路上 不小心摔了一跤导致骨折，算工伤吗？

上班路上损害，按势考虑工伤

索赔归于保险，认定“途中”有偿

INTERPRETATION 浩源解读

如在上班途中，如因本人不慎摔伤，难以工伤论。劳动保障与社会保险属于社会保障的范围，也就是我们常说的“五险一金”，劳动者保险是不同于从保险公司购买的商业保险的，是国家通过立法的形式来保障劳动者，在劳动者发生疾病、伤残、生育的情况时获得保障，其中养老保险、医疗保险、失业保险，由单位与劳动者共同承担，工伤保险和生育保险完全由企业承担。

如果大家在就业时，用工单位没有给缴纳社会保险，可以向各地劳动仲裁委提出仲裁申请，要求补缴社保或现金补偿，也可以向当地的人力资源与社会保障局进行投诉与举报。

社会保险受到如下常用法律法规的规制：《中华人民共和国劳动合同法》（全国人大常委会颁布，2012 年修订）、《工伤保险条例》（国务院发布，2010 年修订），一些地方还根据地区情况制定了实施细则，如北京 2011 年发布的《北京市实施〈工伤保险条例〉若干规定》(2011 年发布，2021 年修改），浙江省与四川省也都在 2020 年修改或发布了各自的《工伤保险条例》。

LEGAL PROVISIONS REFERENCE	法条援引

《工伤保险条例》

第十四条 职工有下列情形之一的，应当认定为工伤：

（一）在工作时间和工作场所内，因工作原因受到事故伤害的；

（二）工作时间前后在工作场所内，从事与工作有关的预备性或者收尾性工作受到事故伤害的；

（三）在工作时间和工作场所内，因履行工作职责受到暴力等意外伤害的；

（四）患职业病的；

（五）因工外出期间，由于工作原因受到伤害或者发生事故下落不明的；

（六）在上下班途中，受到非本人主要责任的交通事故或者城市轨道交通、客运轮渡、火车事故伤害的；

（七）法律、行政法规规定应当认定为工伤的其他情形。

《最高人民法院关于审理工伤保险行政案件若干问题的规定》

第六条 对社会保险行政部门认定下列情形为“上下班途中”的，人民法院应予支持：

（一）在合理时间内往返于工作地与住所地、经常居住地、单位宿舍的合理路线的上下班途中；

（二）在合理时间内往返于工作地与配偶、父母、子女居住地的合理路线的上下班途中；

（三）从事属于日常工作生活所需要的活动，且在合理时间和合理路线的上下班途中；

（四）在合理时间内其他合理路线的上下班途中。

LEGAL CASE	案例

A 商业公司与苏州市吴江区人力资源和社会保障局行政给付、行政确认案

2013 年 6 月 21 日，大学生董某与 A 商业公司签订“非全日制用工协议”，双方约定 A 商业公司因工作需要聘用董某，工作期限为 2013 年 6 月 21 日至 2013 年 8 月 25 日，每小时工资 11.5 元，法定社会保险和福利已经包括在该小时工资内。2013 年 6 月 28 日 21 时 30 分许，董某下班途中驾驶二轮电动自行车在江苏省苏州市滨河路，与他人驾驶的小型轿车发生交通事故，致董某受伤，经诊断为头胸腹部外伤，交通巡逻警察大队认定董某在交通事故中不负事故责任。另查明，董某就读于郑州理工职业学院，事故发生时系大学一年级学生。董某向人社局提出工伤认定申请，人社局审查后受理了工伤认定申请，向 A 商业公司发出《工伤认定限期举证通知书》并按规定方式进行送达，在规定举证期限内，A 商业公司向人社局提交了书面说明并附相关材料，认为董某系在校生利用业余时间勤工助学，未建立劳动关系。因对劳动关系存在异议，人社局综合审查工伤认定程序双方所举材料及意见，做出《工伤认定决定》，认定董某所受伤害为工伤。A 商业公司向人力资源和社会保障局提起行政复议，人力资源和社会保障局维持行政决定。A 商业公司不服，向人民法院提起行政诉讼。

人民法院做出判决,驳回A商业公司的诉讼请求。宣判后，A 商业公司提出上诉，被中级人民法院驳回上诉，维持原判。

本案件法院的观点认为：

在校学生具有劳动主体资格，如果与用工单位之间签署《中华人民共和国劳动合同法》规定的法定用工协议，双方之间形成劳动关系。学生利用业余时间在校外打工,与用人单位之间可以形成劳动关系，也可以形成劳务关系。本案中 A 商业公司明知董某系在校大学生，仍与其签订“非全日制用工协议”，该协议系《中华人民共和国劳动合同法》规定的法定用工协议，应当视为双方就缔结劳动关系达成合意，双方之间形成劳动关系。并且董某实际也按照“协议”的内容付出劳动，获得报酬，双方之间形成管理与被管理、监督与被监督、指挥与被指挥的隶属关系，符合劳动关系的本质特征，因此，董某与 A 商业公司之间存在劳动关系，在下班途中受到非本人主要责任的交通事故伤害，按照《工伤保险条例》第十四条第（六）项的规定，依法应当认定为工伤。

Q2

遭遇公司拖欠薪资、欠缴社保、强制解聘，怎么办？

拖欠工资不缴保

强制解聘何处告

劳动仲裁再法院

入职调查要记牢

INTERPRETATION　浩源解读

无论是拖欠薪资、非法解除劳动关系，还是欠缴社保，或者是没有按照工资的全额缴纳社会保险，均可以到当地的劳动仲裁委员会提起劳动仲裁。有关劳动关系的纠纷，必须经过劳动仲裁，才能进入法院的审理程序。并且不用担心费用问题，劳动仲裁委是不收劳动者的仲裁费用的（鉴定或翻译等须向第三方支付的费用除外），每个仲裁委也为劳动者提供了流程的介绍和文书模板，可以现场咨询时自行取用。除此之外，如果在职场中遭遇用人单位随意调岗调薪、超时劳动、不支付加班工资等情况，也可以申请劳动仲裁。特别是在遭遇违法解除劳动关系的情况下，可以向用人单位主张经济补偿金标准两倍的赔偿金。

因此在这里建议大家，找工作时，可以在裁判文书网和公开的企业信息查询平台或 App 上，查找企业的涉诉信息。如果某个企业有太多的劳动关系纠纷，则要慎重考虑是否入职。同时，入职任何企业，都要坚定提出签订劳动合同，且留存好合同文件，并要求企业缴纳社会保险。入职一个月以后，可以在当地社保系统查询社保缴纳信息，以免社保断缴造成麻烦。

LEGAL PROVISIONS REFERENCE 法条援引

《中华人民共和国劳动合同法》

第十条 建立劳动关系，应当订立书面劳动合同。已建立劳动关系，未同时订立书面劳动合同的，应当自用工之日起一个月内订立书面劳动合同。

用人单位与劳动者在用工前订立劳动合同的，劳动关系自用工之日起建立。

第三十八条 用人单位有下列情形之一的，劳动者可以解除劳动合同：

…………

（二）未及时足额支付劳动报酬的；

（三）未依法为劳动者缴纳社会保险费的；

…………

第四十六条 有下列情形之一的，用人单位应当向劳动者支付经济补偿：

（一）劳动者依照本法第三十八条规定解除劳动合同的；

…………

第四十七条 经济补偿按劳动者在本单位工作的年限，每满一年支付一个月工资的标准向劳动者支付。六个月以上不满一年的，按一年计算；不满六个月的，向劳动者支付半个月工资的经济补偿。

劳动者月工资高于用人单位所在直辖市、设区的市级人民政府公布的本地区上年度职工月平均工资三倍的，向其支付经济补偿的标准按职工月平均工资三倍的数额支付，向其支付经济补偿的年限最高不超过十二年。

本条所称月工资是指劳动者在劳动合同解除或者终止前十二个月的平均工资。

第八十七条　用人单位违反本法规定解除或者终止劳动合同的，应当依照本法第四十七条规定的经济补偿标准的二倍向劳动者支付赔偿金。

Q3

被上司语言性骚扰，怎么办？

性骚扰，不纵容

投诉报警应从重

INTERPRETATION 浩源解读

可以向企业人事部门投诉，也可以向妇联寻求帮助，如果上司行为过于龌龊，则建议报警维权。如果长期、多次、反复骚扰，可以将相关内容进行记录和固定，之后寻找擅长维护妇女权益的律师，通过法律诉讼的手段，维护自己的权益。

在生活当中，这样的现象随着人们对个人权益的重视而变得越来越少，在职场中也有人事、监察部门的专员负责对员工的行为进行监督。遇到行为不端的上司，要在保护好自身权益的情况下，通过有保障的渠道与之周旋，勇于指出他的行为，至少能够对其起到警示、震慑的作用。

LEGAL PROVISIONS REFERENCE 法条援引

《国家人权行动计划（2021—2025年）》

四、特定群体权益保障

（二）妇女权益

——保障妇女人身权利。倡导性别平等、责任共担的新型家庭文化。预防和制止针对妇女的一切形式家庭暴力，依法适用人身安全保护令和家庭暴力告诫制度，有效预防和依法打击性侵、拐卖妇女的犯罪行为。提升预防和制止性骚扰的法律意识，有效遏制针对女性的性骚扰。保护妇女免遭网络违法犯罪行为的侵害。

——促进工作场所性别平等。用人单位建立健全劳动就业、薪酬待遇、职业发展、生育保护以及帮助职工平衡工作和家庭责任、预防和制止职场性骚扰等工作场所性别平等制度机制，推动建立家庭友好型工作场所。支持和帮助女性实现家庭和工作的平衡。

Q4

因疫情隔离被公司辞退，怎么办？

疫情隔离或感染
不得开除或拒岗
遇到此事不要慌
政府法院来帮忙

INTERPRETATION 浩源解读

自新冠肺炎疫情发生以来，企业和个人都蒙受了巨大的损失，经济情况陷入困境。不少劳动者还接到了企业的解聘通知，尽管这可能也是企业的无奈之举，但这种对于劳动者而言雪上加霜的做法，本身是违反法律规定的。按照《中华人民共和国劳动合同法》的规定，用人单位只有在劳动者难以胜任或者劳动合同无法履行的情况下提前三十天通知，支付经济补偿金而辞退员工；或者因员工的行为有重大过失、违法犯罪而辞退员工。如果在疫情隔离期间，不存在以上情况，公司给员工发辞退函件，是违反法律规定的。在这一情况下，员工可以向劳动保障监察部门反映，或者申请劳动仲裁。目前疫情还没有结束，很多企业依然面临着困境，在这种情况下，对隔离期间员工的薪资或者工作情况可以进行变通调整，但是违反《中华人民共和国劳动合同法》的擅自解除劳动关系的行为，依然是不被允许的。企业不仅要自己存活，也要顾及员工的生活。

LEGAL PROVISIONS REFERENCE | 法条援引

《人力资源社会保障部办公厅关于妥善处理新型冠状病毒感染的肺炎疫情防控期间劳动关系问题的通知》

二、企业因受疫情影响导致生产经营困难的，可以通过与职工协商一致采取调整薪酬、轮岗轮休、缩短工时等方式稳定工作岗位，尽量不裁员或者少裁员。符合条件的企业，可按规定享受稳岗补贴。企业停工停产在一个工资支付周期内的，企业应按劳动合同规定的标准支付职工工资。超过一个工资支付周期的，若职工提供了正常劳动，企业支付给职工的工资不得低于当地最低工资标准。职工没有提供正常劳动的，企业应当发放生活费，生活费标准按各省、自治区、直辖市规定的办法执行。

《中华人民共和国劳动合同法》

第四十八条 用人单位违反本法规定解除或者终止劳动合同，劳动者要求继续履行劳动合同的，用人单位应当继续履行；劳动者不要求继续履行劳动合同或者劳动合同已经不能继续履行的，用人单位应当依照本法第八十七条规定支付赔偿金。

Q5

因台风、暴雨等恶劣天气无法出门，遂在家办公，公司扣工资合理吗？

恶劣天气，不可扣薪

有所变通，不得强硬

INTERPRETATION 浩源解读

因极端恶劣天气，劳动者无法出门，属于公司应该予以理解和支持的必要劳动安全保障的范畴。根据法规，强令劳动者冒险作业，属于有权拒绝和可以提出解除合同的强制性事由，这表明在极端天气情况下，对劳动者生命健康权益的保障。去与不去，是劳动者的自由，公司无从干涉，更不能以此为由克扣工资，这违反了《中华人民共和国劳动法》第五十条的规定。如果确有工作需要，可以与劳动者协商居家办公或者变通考勤的标准，不可以直接无故克扣工资。

LEGAL PROVISIONS REFERENCE 法条援引

《中华人民共和国劳动法》

第五十条 工资应当以货币形式按月支付给劳动者本人。不得克扣或者无故拖欠劳动者的工资。

第五十六条 劳动者在劳动过程中必须严格遵守安全操作规程。

劳动者对用人单位管理人员违章指挥、强令冒险作业，有权拒绝执行；对危害生命安全和身体健康的行为，有权提出批评、检举和控告。

《中华人民共和国劳动合同法》

第三十八条 用人单位以暴力、威胁或者非法限制人身自由的手段强迫劳动者劳动的，或者用人单位违章指挥、强令冒险作业危及劳动者人身安全的，劳动者可以立即解除劳动合同，不需事先告知用人单位。

第七十六条 县级以上人民政府建设、卫生、安全生产监督管理等有关主管部门在各自职责范围内，对用人单位执行劳动合同制度的情况进行监督管理。

第八十八条 用人单位有下列情形之一的，依法给予行政处罚；构成犯罪的，依法追究刑事责任；给劳动者造成损害的，应当承担赔偿责任：

（一）以暴力、威胁或者非法限制人身自由的手段强迫劳动的；

（二）违章指挥或者强令冒险作业危及劳动者人身安全的；

（三）侮辱、体罚、殴打、非法搜查或者拘禁劳动者的；

（四）劳动条件恶劣、环境污染严重，给劳动者身心健康造成严重损害的。

Q6

实习公司不签订劳动合同，在工作半个月后要辞退并且不支付工资，怎么办？

非全日制，亦有薪资

口头合同，名应副实

INTERPRETATION　浩源解读

除了签订固定期限劳动合同，还有一种情况，叫作“非全日制用工”，可以理解为我们所说的小时工、计时工。通常在一个单位每天工作的时间不超过4小时，可以同时与几个单位建立非全日制用工关系，比如上午在A咖啡厅工作4小时，下午在B咖啡厅工作3小时。这种用工可以只有口头协议，随时解除口头合同，用人单位不用支付经济补偿金，不用给劳动者缴纳社保，用人单位也不能阻止劳动者建立其他非全日制用工关系（在以缴纳社保签订合同为标志的劳动关系里，劳动者只能与一个用人单位签订合同）。有一点需要注意，非全日制用工的结算周期不能超过半个月。

在这里建议大家，尽可能选择一些大的公司去实习，这样被公司欠薪的可能性要小得多，更重要的是能接触到正规的职场培训，幸运的还能接触到一些职场理念，这对毕业后找工作有很好的助力。进了企业实习，要注意查询企业的基本工商信息，在平日劳动时注意保存证据，包括劳动的证据、跟老板同事通话的证据等等，为取得劳动报酬增加一些保障。

LEGAL PROVISIONS REFERENCE 法条援引

《中华人民共和国劳动合同法》

第六十八条 非全日制用工，是指以小时计酬为主，劳动者在同一用人单位一般平均每日工作时间不超过四小时，每周工作时间累计不超过二十四小时的用工形式。

第六十九条 非全日制用工双方当事人可以订立口头协议。

从事非全日制用工的劳动者可以与一个或者一个以上用人单位订立劳动合同；但是，后订立的劳动合同不得影响先订立的劳动合同的履行。

第七十二条 非全日制用工小时计酬标准不得低于用人单位所在地人民政府规定的最低小时工资标准。

非全日制用工劳动报酬结算支付周期最长不得超过十五日。

Q7

没有签订劳动合同就入职培训，培训十几天后因个人原因主动离职，能拿到工资吗？

入职培训，视同正员

员工待遇，须共享有

INTERPRETATION　浩源解读

入职前所参与的入职培训是员工应有的权利，也是公司应尽的义务。公司愿意为某人提供入职培训，法律认为这段时期已经属于用工期间，这意味着从第一天参加培训起，无论之后有没有“入职培训录用”之类的说辞，培训一天就要支付一天的工资。因此，如果主动离职后没有拿到这十几天的工资，可以到劳动局投诉反映，如果不能解决，可以基于劳动合同申请仲裁，寻求法律的帮助。

LEGAL PROVISIONS REFERENCE 法条援引

《中华人民共和国劳动合同法》

第六十二条 用工单位应当履行下列义务：

（一）执行国家劳动标准，提供相应的劳动条件和劳动保护；

（二）告知被派遣劳动者的工作要求和劳动报酬；

（三）支付加班费、绩效奖金，提供与工作岗位相关的福利待遇；

（四）对在岗被派遣劳动者进行工作岗位所必需的培训；

（五）连续用工的，实行正常的工资调整机制。用工单位不得将被派遣劳动者再派遣到其他用人单位。

Q8

公司试用期
不缴纳五险一金，怎么办？

五险一金，入职要交

试用与否，无关紧要

INTERPRETATION 浩源解读

这样的说法当然是违法的。人社部反复强调，无论试用期的长短，在确定法律上的用工（即开始工作）而非公司方面的用工（确定长期工作）之后，员工入职一个月内，公司就要主动缴纳社会保险。公积金是属于自愿缴纳的福利，可交可不交，但社会保险必须有。面试通过，合同签订之前如果人事这么说，建议据理力争，保障自己的合法权益。当然，也可以在合同签订后，向劳动保障监察机构反映，督促公司缴纳社会保险。

LEGAL PROVISIONS REFERENCE	法条援引

《中华人民共和国社会保险法》

第二条 国家建立基本养老保险、基本医疗保险、工伤保险、失业保险、生育保险等社会保险制度，保障公民在年老、疾病、工伤、失业、生育等情况下依法从国家和社会获得物质帮助的权利。

第五十八条 用人单位应当自用工之日起三十日内为其职工向社会保险经办机构申请办理社会保险登记。未办理社会保险登记的，由社会保险经办机构核定其应当缴纳的社会保险费。

CONSUMPTION

8

消费篇

Q1

在超市买到不新鲜或过期的食品，怎么办？

买到变质、过期食品，保留好购物小票，找卖场退换，统共分为三步：

1. 找商家协商；
2. 协商不成，寻求消费者协会、消费者权益保护委员会的帮助；
3. 向市场监督管理局和食品药品监督管理局举报。

INTERPRETATION 浩源解读

保存好小票与付款的截图信息，及时与商家反映。如果与商家反映未果，找当地的消费者协会等消费者权益保护部门介入协商。以上办法仍无法落实，可以直接向工商局反映。如果情况比较复杂，建议保存好食品小样、消费单据，向专业鉴定机构（比如食品药品监督管理局的化验部门或其他有资质的部门）申请对食品进行检验，在严重的情况下食药监局会直接对经营者、生产者做出处罚。还不能解决的，可以采取诉讼途径解决纠纷。当然，如果在某个市场和交易博览会里买的食物出现问题，购买者也可以追究主办方相应责任，如果主办方没有尽到检查检验的义务，则需要承担相应责任。

在维权过程中，除了要求赔偿购买食品的花费，以及因为维权产生的相应损失之外，还可以要求赔偿价款十倍或损失三倍的赔偿金。赔偿金如不足一千元，则以一千元为基础。

LEGAL PROVISIONS REFERENCE 法条援引

《中华人民共和国食品安全法》

第一百四十八条 消费者因不符合食品安全标准的食品受到损害的，可以向经营者要求赔偿损失，也可以向生产者要求赔偿损失。接到消费者赔偿要求的生产经营者，应当实行首负责任制，先行赔付，不得推诿；属于生产者责任的，经营者赔偿后有权向生产者追偿；属于经营者责任的，生产者赔偿后有权向经营者追偿。

生产不符合食品安全标准的食品或者经营明知是不符合食品安全标准的食品，消费者除要求赔偿损失外，还可以向生产者或者经营者要求支付价款十倍或者损失三倍的赔偿金；增加赔偿的金额不足一千元的，为一千元。但是，食品的标签、说明书存在不影响食品安全且不会对消费者造成误导的瑕疵的除外。

《最高人民法院关于审理食品药品纠纷案件适用法律若干问题的规定》

第二条 因食品、药品存在质量问题造成消费者损害，消费者可以分别起诉或者同时起诉销售者和生产者。

消费者仅起诉销售者或者生产者的，必要时人民法院可以追加相关当事人参加诉讼。

第三条　因食品、药品质量问题发生纠纷，购买者向生产者、销售者主张权利，生产者、销售者以购买者明知食品、药品存在质量问题而仍然购买为由进行抗辩的，人民法院不予支持。

第四条　食品、药品生产者、销售者提供给消费者的食品或者药品的赠品发生质量安全问题，造成消费者损害，消费者主张权利，生产者、销售者以消费者未对赠品支付对价为由进行免责抗辩的，人民法院不予支持。

第八条　集中交易市场的开办者、柜台出租者、展销会举办者未履行食品安全法规定的审查、检查、报告等义务，使消费者的合法权益受到损害的，消费者请求集中交易市场的开办者、柜台出租者、展销会举办者承担连带责任的，人民法院应予支持。

第十五条　生产不符合安全标准的食品或者销售明知是不符合安全标准的食品，消费者除要求赔偿损失外，依据食品安全法等法律规定向生产者、销售者主张赔偿金的，人民法院应予支持。

生产假药、劣药或者明知是假药、劣药仍然销售、使用的，受害人或者其近亲属除请求赔偿损失外，依据药品管理法等法律规定向生产者、销售者主张赔偿金的，人民法院应予支持。

《中华人民共和国消费者权益保护法》

第三十九条 消费者和经营者发生消费者权益争议的，可以通过下列途径解决：

（一）与经营者协商和解；

（二）请求消费者协会或者依法成立的其他调解组织调解；

（三）向有关行政部门投诉；

（四）根据与经营者达成的仲裁协议提请仲裁机构仲裁；

（五）向人民法院提起诉讼。

《侵害消费者权益行为处罚办法》

第六条 经营者向消费者提供有关商品或者服务的信息应当真实、全面、准确，不得有下列虚假或者引人误解的宣传行为：

（一）不以真实名称和标记提供商品或者服务；

（二）以虚假或者引人误解的商品说明、商品标准、实物样品等方式销售商品或者服务；

（三）作虚假或者引人误解的现场说明和演示；

（四）采用虚构交易、虚标成交量、虚假评论或者雇佣他人等方式进行欺骗性销售诱导；

（五）以虚假的“清仓价”、“甩卖价”、“最低价”、“优惠价”或者其他欺骗性价格表示销售商品或者服务；

（六）以虚假的“有奖销售”、“还本销售”、“体验销售”等方式销售商品或者服务；

（七）谎称正品销售“处理品”、“残次品”、“等外品”等商品；

（八）夸大或隐瞒所提供的商品或者服务的数量、质量、性能等与消费者有重大利害关系的信息误导消费者；

（九）以其他虚假或者引人误解的宣传方式误导消费者。

《中华人民共和国民事诉讼法》

第二百六十条 被执行人未按判决、裁定和其他法律文书指定的期间履行给付金钱义务的，应当加倍支付迟延履行期间的债务利息。被执行人未按判决、裁定和其他法律文书指定的期间履行其他义务的，应当支付迟延履行金。

LEGAL CASE	案例

战某与北京超市发连锁股份有限公司超市发北航店买卖合同纠纷案件

原告战某于 2019 年 12 月 8 日在超市发北航店购买“金锣玉米热狗肠 40g×8”食品，单价为 12.9 元，生产日期为 2019 年 8 月 31 日，保质期 90 天，此商品在购买时已过期。因此，战某提出诉讼请求：

1. 依法判定被告超市发北航店赔偿原告人民币1000 元，并退还货款 12.9 元，共计 1012.9 元；2. 本案诉讼费由被告承担。超市发北航店辩称，不同意原告诉讼请求。

法院查明事实后认为，战某在超市发北航店购买食品，超市发北航店出具购物小票，双方之间存在买卖合同关系。我国食品安全法禁止销售超过保质期的食品，任何食品生产经营者应当严格遵守。超市发北航店出售已超过保质期的食品，应承担相应的法律责任。根据《中华人民共和国食品安全法》第一百四十八条第二款规定，“生产不符合食品安全标准的食品或者经营明知是不符合食品安全标准的食品，消费者除要求赔偿损失外，还可以向生产者或者经营者要求支付价款十倍或者损失三倍的赔偿金；增加赔偿的金额不足一千元的，为一千元”。现战某要求超市发北航店退还货款及赔偿 1000 元的诉讼请求，有事实与法律依据，法院予以支持。同时，超市发北航店应当将过期食品收回，不得再上架销售。

最终判决如下：

一、战某于本判决生效之日起七日内向超市发北航店退还金锣玉米热狗肠 40g×8 一袋，超市发北航店于本判决生效之日起七日内退还战某货款 12.9 元；

二、超市发北航店于本判决生效之日起七日内赔偿战某 1000 元。

如果超市发北航店未按本判决指定的期间履行

给付金钱义务，应当依照《中华人民共和国民事诉讼法》第二百五十三条（现已修改为第二百六十条）之规定，加倍支付迟延履行期间的债务利息。

Q2

餐厅收取包间费、开瓶费是否合理？

包间费、开瓶费

统统属于乱收费

INTERPRETATION 浩源解读

在明示无疑且消费者接受的情况下，餐厅收取一定比例的包间费，法律并不禁止；但开瓶费，则是法律所明令禁止的内容。

商家通常通过销售酒水提高盈利水平，由此以“开瓶费”等方式限制消费者自带酒水，显然属于对消费者不公平、不合理的“霸王条款”，因而当属无效。所以某些省市的消费者权益保护的实施细则，明确禁止收取开瓶费。包间费这一类费用的收取依然以明示为重要前提，如果不提前向消费者明确要收取此项费用，以及具体的收取额度，是不可以收取的。

如在不知情的情况下被收取了开瓶费、包间费，可以同商家协商解决。协商不成，保存好消费单据与沟通记录，联系消费者权益保障协会或者市场监督管理局，积极维护合法权益。

LEGAL PROVISIONS REFERENCE | 法条援引

《中华人民共和国消费者权益保护法》

第九条 消费者享有自主选择商品或者服务的权利。

消费者有权自主选择提供商品或者服务的经营者，自主选择商品品种或者服务方式，自主决定购买或者不购买任何一种商品、接受或者不接受任何一项服务。

消费者在自主选择商品或者服务时，有权进行比较、鉴别和挑选。

第十八条 经营者应当保证其提供的商品或者服务符合保障人身、财产安全的要求。对可能危及人身、财产安全的商品和服务，应当向消费者作出真实的说明和明确的警示，并说明和标明正确使用商品或者接受服务的方法以及防止危害发生的方法。

第二十六条 经营者在经营活动中使用格式条款的，应当以显著方式提请消费者注意商品或者服务的数量和质量、价款或者费用、履行期限和方式、安全注意事项和风险警示、售后服务、民事责任等与消费者有重大利害关系的内容，并按照消费者的要求予以说明。

经营者不得以格式条款、通知、声明、店堂告示等方式，作出排除或者限制消费者权利、减轻或者免除经营者责任、加重消费者责任等对消费者不公平、不合理的规定，不得利用格式条款并借助技术手段强制交易。

格式条款、通知、声明、店堂告示等含有前款所列内容的，其内容无效。

LEGAL CASE	案 例

何某与码头故事火锅店因“开瓶费”“包间费”餐饮服务合同纠纷案

2014 年 2 月，何某带着自购的酒水到张某经营的锦江区码头故事火锅店的包间就餐。结账时，码头故事火锅店以何某选择在包间消费并自带酒水为由，在协商未果的情况下，执意收取了 50 元“包间费”和 30 元“开瓶费”。后何某起诉张某，要求退还“包间费”及“开瓶费”。同时，张某经营的火锅店未对自带酒水应支付开瓶费和包间就餐应支付包间费做任何书面提示和告知。该火锅店的服务员詹某称“已在何某消费前向何某口头告知了自带酒水应支付服务费 30 元以及包间就餐应支付包间费 50 元”。何某称詹某说的不是事实，自己是在被迫的情况下支付的“开瓶费”和“包间费”。

成都市锦江区法院认为，餐饮行业往往利用其优势地位，并以事先声明为由，要求消费者支付自带酒水的“开瓶费”，该行为是对消费者不公平、不合理的规定，属于餐饮行业的“霸王条款”，限制了消费者的权利。

故何某与张某形成的餐饮服务合同中，收取“开瓶费”的部分无效。同时，码头故事火锅店设有大厅和包间，张某应对在包间就餐应享有的服务以及收费标准向消费者做明确的提示和告知，由消费者决定是否选择在包间消费。何某作为消费者，享有该消费的知情权，并可以进行比较、鉴别和挑选。张某仅凭其服务员的单方证词，不能证明已向何某履行了收取包间费的明确告知义务。就“包间费”的收取未达成一致意思表示，法院遂判决张某退还何某“开瓶费”30 元和“包间费”50 元。

Q3

美容院在消费者不知情的情况下对其进行收费项目，应如何维权？

美容院里多消费

投诉报警不买贵

INTERPRETATION　浩源解读

针对这种强制消费的套路行为，首先报警，这比寻求消费者权益保护部门、市场监督管理局的帮助要快得多。这样的行为，有可能涉及强制交易罪，通常为团伙作案。必要时，公安机关的介入更为有力。

当然，有时候我们是在进入了店面，接受了消费之后才意识到自己被强行安排了项目。情急之下，我们总会要和对方掰扯两句。掰扯两句的过程中，我们建议你保留好相应的单据，用手机拍摄、录音的方式记录下关于价款和消费内容的交涉过程。为个人安全起见，笔者建议在结束消费后发现猫腻时，可以先采用比较中和、询问式的语气，让对方先对整个价款主动做出说明，以固定第一手高额消费、漫天要价的证据。当然，对方出言不逊、进行人身恐吓威胁的场面也屡屡得见，有所记录更是有利于之后离开店铺，迅速向消保部门、市场监督管理局、公安机关寻求帮助。当然，对于类似情况，寻求本地有力媒体的介入经常是很有效的途径。

最后要告诉大家的是，遇到这种情况一定不要害怕，如果我们不及时制止，抱着息事宁人、不多生事的心态的话，就会放纵他们的违法行为，给更多人带来损失。

LEGAL PROVISIONS REFERENCE	法条援引

《消费者权益保护法》

第九条 消费者享有自主选择商品或者服务的权利。

消费者有权自主选择提供商品或者服务的经营者，自主选择商品品种或者服务方式，自主决定购买或者不购买任何一种商品、接受或者不接受任何一项服务。

消费者在自主选择商品或者服务时，有权进行比较、鉴别和挑选。

《中华人民共和国反不正当竞争法》

第十二条 经营者利用网络从事生产经营活动，应当遵守本法的各项规定。

经营者不得利用技术手段，通过影响用户选择或者其他方式，实施下列妨碍、破坏其他经营者合法提供的网络产品或者服务正常运行的行为：

（一）未经其他经营者同意，在其合法提供的网络产品或者服务中，插入链接、强制进行目标跳转；

（二）误导、欺骗、强迫用户修改、关闭、卸载其他经营者合法提供的网络产品或者服务；

（三）恶意对其他经营者合法提供的网络产品或

者服务实施不兼容；

（四）其他妨碍、破坏其他经营者合法提供的网络产品或者服务正常运行的行为。

《中华人民共和国刑法》

第二百二十六条 以暴力、威胁手段，实施下列行为之一，情节严重的，处三年以下有期徒刑或者拘役，并处或者单处罚金；情节特别严重的，处三年以上七年以下有期徒刑，并处罚金：

（一）强买强卖商品的；

（二）强迫他人提供或者接受服务的；

（三）强迫他人参与或者退出投标、拍卖的；

（四）强迫他人转让或者收购公司、企业的股份、债券或者其他资产的；

（五）强迫他人参与或者退出特定的经营活动的。

LEGAL CASE	案例

谭某、陈静某
强迫交易、诈骗案件

2018年11月底至2019年4月初，被告人谭某、刘必某、陈静某、顾月某合伙经营位于丽江市古城区的清秀佳人美容美体馆，谭某、顾月某、刘必某负责招揽顾客，刘必某还负责管账、发放工资，陈静某负责店内收银及做美容项目，并招聘被告人刘唯某、宋晓某、陈雪某以及马某（不起诉）、徐某（不起诉）等人为美容师、导购，采用纠缠、阻拦等方式，以免费体验美容项目为诱饵，将多名被害人带至该美容美体馆体验，在体验过程中，美容师趁被害人不注意，用眉笔在被害人一侧面部画出黑色斑点或用仪器在被害人一侧面部操作后，向被害人谎称黑色斑点为皮肤内提取的黑色素、斑根，必须用美容院的仪器才能将黑色斑点祛除，或以被害人面部两侧肤色不一致影响容貌等相威胁，造成被害人产生心理恐惧，强迫兰某、张某等人消费几千至上万元不等的金额。

同时，美容师和经理向范某、金某等人承诺可以祛黄、祛斑、祛皱等，诱使客人自愿消费几千至上万元不等的金额。

本院认为，被告人谭某、刘必某、陈静某、顾月某、刘唯某、宋晓某、陈雪某以引诱、威胁等手段，强迫被害人在美容店接受服务并从中非法获利，情节严重，七名被告人的行为已触犯刑法，构成强迫交易罪。

Q4

拍完写真后，商家不同意交出底片怎么办？

写真底片一定要

肖像权宜请记牢

INTERPRETATION 浩源解读

根据《中华人民共和国消费者权益保护法》，写真的底片应当全部返还给消费者，不能留作他用。根据《中华人民共和国著作权法》的规定，如果将照片视为摄影师的作品的话，著作权归摄影师所有，摄影师有权决定原物是否转移占有。可见，法律上对于底片如何处理，是有些许冲突的。常见的做法是消费者在与影楼或者摄影师工作室签订合同时，明确交付底片的数量，以免日后争议，费时费力。

LEGAL PROVISIONS REFERENCE 法条援引

《中华人民共和国著作权法》

第十九条 受委托创作的作品，著作权的归属由委托人和受托人通过合同约定。合同未作明确约定或者没有订立合同的，著作权属于受托人。

《浙江省实施〈中华人民共和国消费者权益保护法〉办法》

第十六条 摄影摄像、冲印业经营者应当保证摄影、冲印照片和摄制录像的质量。照片或者录像存在明显瑕疵或者因经营者保管不善遗失的，经营者应当根据消费者的要求免费修复或者重拍、重印，并依法赔偿损失。经营者不得自行保留消费者的照片和底片。

Q5

在理发店、健身房、培训机构的储值卡还没到期，店家却不见了怎么办？

充值储值多陷阱

深思熟虑想得清

INTERPRETATION　浩源解读

店家不见了，分几种情况。一种是店铺不见了，也就是店搬走了，但是合同主体（比如公司）还在，遇到这种情况不要着急，起诉公司。还有一种，签约主体（例如公司）注销了，可以在工商部门查询是否被其他公司兼并了，如果被兼并可以找兼并的公司；如果没有被兼并，就找出资股东。这个时候要注意留存转账记录和消费单据。签约主体的信息也极为重要，大家一定要与公司签约，不要与业务人员个人签约。此外还可以及时寻求律师帮助。

LEGAL PROVISIONS REFERENCE 法条援引

《中华人民共和国公司法》

第一百七十三条 公司合并，应当由合并各方签订合并协议，并编制资产负债表及财产清单。公司应当自作出合并决议之日起十日内通知债权人，并于三十日内在报纸上公告。债权人自接到通知书之日起三十日内，未接到通知书的自公告之日起四十五日内，可以要求公司清偿债务或者提供相应的担保。

第一百七十四条 公司合并时，合并各方的债权、债务，应当由合并后存续的公司或者新设的公司承继。

LEGAL CASE 案例一

赵某与北京金钱豹国际美食有限公司海淀分公司等餐饮服务合同纠纷

2015 年 7 月 18 日，原告赵某在金钱豹海淀分公司所属中关村店用餐时办理了该店发售的储值卡，预存金额 1 万元，用于在金钱豹公司各门店享受自助餐饮服务。2017 年 7 月，北京市最后一家金钱豹门店关闭，已无法提供餐饮服务，卡内尚有余额 2716

元未消费，原告诉至法院要求退费。

法院认为，根据赵某提交的储值卡，可以认定其与金钱豹海淀分公司之间形成了事实上的餐饮服务合同关系，双方当事人均应严格履行自身义务。根据本案查明的事实，金钱豹公司及其海淀分公司现已停业，已不具备继续履行合同的条件，故双方之间的服务合同关系应予解除，金钱豹海淀分公司应将消费卡内剩余款项退还给赵某。因金钱豹海淀分公司不具备企业法人资格，其所负债务应由其与上级企业法人单位即金钱豹公司共同承担。据此，赵某要求金钱豹公司及其海淀分公司退费。

LEGAL CASE　　案例二

某某与某健身会所
服务合同纠纷案

2015 年以后，经营者解某注册个体工商户，取名宝应县康尔健健身会所，并租赁宝应县安宜东路 8 号商业广场部分期层（2—4）从事健身服务，赵某负责实际经营。2015 年 11 月 19 日，原告在被告处办理了健身会员卡（卡号 880016），并预付了 3 年健身服务费 2680 元。2016 年 10 月 6 日，被告在营业场所门口张贴公告载明“因康尔健健身会所房租到期，凡持有康尔健健身会所会员卡未到期的人员请于 2016 年 10 月 15 日前到康尔健健身会所二楼办理退款手续，逾期责任自负，联系人：赵某”。嗣后，被告仅对会员退卡情况予以登记，未返还健身服务费，遂引起纠纷。

法院认为，原、被告之间的服务合同关系合法有效，依法应予保护。被告在合同履行期届满之前，以公告明示不再履行主要义务，原告有权要求解除合同。合同解除后，尚未履行的，终止履行，故对原告要求被告返还健身服务费的诉讼请求，依法予以支持，同时，被告未按合同约定退回预付款，应当承担利息，故判决从被告公告停业之日（即 2016 年 10 月 6 日）起至实际还款之日止，按本金的年利率 6% 计算利息。

Q6

特价商品或者赠品有质量问题，能退换吗？

特价商品或赠品

《消保法》里有规定

一视同仁来保护

公民利益不可轻

INTERPRETATION 浩源解读

在商业活动中，特价商品既是消费者乐见的恩惠，也是促成消费者消费的手段之一。尽管民事关系的调节不问动机，但由于特价促成了购买具体货物这一行为的落地，也就成为达成购买意向最终订立合同的重要条件。所以从民法的角度看，如果提供质量不合格的特价商品，则属于违约，可以根据相应条文，维护自身合法权益。如果从具体的消费者权益保护法的角度看，特价商品的质量、性能、用途和有效期限都应该与正价商品无异，消费者如收到有质量问题的特价商品，可以根据《中华人民共和国消费者权益保护法》的有关规定，维护自身权益。

LEGAL PROVISIONS REFERENCE 法条援引

《中华人民共和国民法典》

第一百八十六条 因当事人一方的违约行为，损害对方人身权益、财产权益的，受损害方有权选择请求其承担违约责任或者侵权责任。

第五百八十二条 履行不符合约定的，应当按照当事人的约定承担违约责任。对违约责任没有约定或者约定不明确，依据本法第五百一十条的规定仍不能确定的，受损害方根据标的的性质以及损失的大小，可以合理选择请求对方承担修理、重作、更换、退货、减少价款或者报酬等违约责任。

《零售商促销行为管理办法》

第十二条 零售商开展促销活动，不得降低促销商品（包括有奖销售的奖品、赠品）的质量和售后服务水平，不得将质量不合格的物品作为奖品、赠品。

第十三条 零售商开展有奖销售活动，应当展示奖品、赠品，不得以虚构的奖品、赠品价值额或含糊的语言文字误导消费者。

LEGAL CASE	案例

高某与问问公司网络购物合同纠纷案件

原告高某 2015 年 12 月 9 日在天猫公司提供的网络交易平台上问问公司开设的天猫网店“君问数码官方旗舰店”用 1699 元购买了手机 1 台，网店赠送了钢化膜 1 张。高某收到货后发现赠送的钢化膜产品没有标注品名、成分、规格、执行标准、厂家、厂址、检验合格证、联系方式等，违反《中华人民共和国产品质量法》第二十六条、第二十七条和《中华人民共和国标准化法实施条例》第二十四条，《零售商促销行为管理办法》第十二条的规定，该问题已被杭州市市场监督管理局经济技术开发区分局责令改正。为此，高某起诉请求，由被告问问公司向原告退还货款 1699 元及赔偿 5097 元。

法院认为：本案为网络购物合同纠纷，原告对问问公司销售的华为荣耀 5X 手机无异议，争议焦点是高某购买的涉案手机中配送的赠品“钢化膜”是否违反合同的约定或者法律的规定构成欺诈，其诉请退还手机货款及三倍赔偿是否符合法律规定。根据最高人民法院《关于贯彻执行〈中华人民共和国民法通则〉若干问题的意见（试行）》（现已废止）第 68

条规定：“一方当事人故意告知对方虚假情况，或者故意隐瞒真实情况，诱使对方当事人作出错误意思表示的，可以认定为欺诈行为。”一般来说，欺诈的构成要件有：(1) 一方需有欺诈的故意。所谓欺诈的故意，是指欺诈方明知自己的欺诈行为会使被欺诈人陷入错误的认识，希望或者放任此种结果的发生的主观态度。(2) 欺诈方实施了欺诈行为。欺诈行为一般包括故意告知虚假情况和故意隐瞒真实情况两种。(3) 被欺诈方因受欺诈而陷于错误的判断。也就是指欺诈的行为与陷入错误判断的结果之间有相当之因果关系。(4) 被欺诈人基于错误判断而为意思表示。

本案中，问问公司在天猫平台销售的产品为“手机”，原告对手机的质量无异议，对涉案配送的赠品“钢化膜”有争议，问问公司并未以虚假的信息或以虚假商品说明等方式销售涉案赠品，更没有故意隐瞒“钢化膜”的真实名称来配送赠品，可见问问公司销售的手机及其赠品“钢化膜”并不存在欺诈的故意，故本案涉案赠品“钢化膜”未标注相应标签标识，不会对消费者构成欺诈意义上的误导，故对原告诉请退还货款 1699 元及三倍赔偿 5097 元的诉求，没有支持。

由上述案件可见，赠品同样应该具备应有的质量，如果在销售过程中，商家对赠品存在虚假宣传、误导陈述，应该承担法律责任。

Q7

快递员在没有经过本人同意的情况下将快递放在了代收点，该如何处理？

快递代收需同意
随意放置隐患多
不经同意而交付
可向邮储去投诉
乱拿他人快递者
治安管理来惩处

INTERPRETATION　浩源解读

快递代收点，本为方便群众不在家时，快递有一个统一的存放处。可有的时候，无论群众是否在家，快递都被放在了代收点，群众本人成了快递员，要跑到代收点拿取，甚至反复叮嘱不要放到代收点的快递，也统统被快递员放到了快递代收点，实在是徒添麻烦。事实上，根据《快递暂行条例》的规定，如客户无要求，快递应当面送达，如有要求，则送到代收人处。如果非要放到代收点，需要与收件人本人协商且经过本人同意。然而，现在大多数的快递公司都没有做完这“最后一公里”。一些省份已经开展专项整治活动，对快递不到家的现象进行治理。

LEGAL PROVISIONS REFERENCE 法条援引

《快递暂行条例》

第二十五条 经营快递业务的企业应当将快件投递到约定的收件地址、收件人或者收件人指定的代收人，并告知收件人或者代收人当面验收。收件人或者代收人有权当面验收。

第四十二条 冒领、私自开拆、隐匿、毁弃、倒卖或者非法检查他人快件，尚不构成犯罪的，依法给予治安管理处罚。

经营快递业务的企业有前款规定行为，或者非法扣留快件的，由邮政管理部门责令改正，没收违法所得，并处 5 万元以上 10 万元以下的罚款；情节严重的，并处 10 万元以上 20 万元以下的罚款，并可以责令停业整顿直至吊销其快递业务经营许可证。

《中华人民共和国治安管理处罚法》

第四十八条 冒领、隐匿、毁弃、私自开拆或者非法检查他人邮件的，处五日以下拘留或者五百元以下罚款。

Q8

重要资料邮寄丢失，快递公司怎么赔付？

重要资料被寄丢

快递公司保价付

寄送贵重要小心

国家邮政去申诉

INTERPRETATION　浩源解读

事实上，按现行法律规定，通常是按照快递公司各自的赔付规则进行处理。因为法律默认你在选择快递公司时，已经接受了约定中保价赔付的相应内容，依照相关内容展开赔付。当然，如果一些资料是超越了本身的物质价值（比如重要文件），建议通过法律途径赔付。但同快递公司诉讼，本身要耗费不少经历和时间，得到的结果可能未必是最优的，结合实际情况，请读者慎重考虑。

而在生活中我们有一些更简易的办法：其一，是到国家邮政局申诉网站，注册以后进行投诉。这个网站是面向所有的快递公司和客户的，注册后填写相关信息，就可以完成投诉，会有致电、信息等方式进行追踪、联系。其二，到微博的黑猫投诉平台进行投诉，会有企业的公关服务人员进行跟踪对接。

LEGAL PROVISIONS REFERENCE	法条援引

《快递市场管理办法》

第二十条 在快递服务过程中，快件（邮件）发生延误、丢失、损毁和内件不符的，经营快递业务的企业应当按照与用户的约定，依法予以赔偿。

企业与用户之间未对赔偿事项进行约定的，对于购买保价的快件（邮件），应当按照保价金额赔偿。对于未购买保价的快件（邮件），按照《中华人民共和国邮政法》《中华人民共和国民法典》等相关法律规定赔偿。

INSURANCE

9

保险篇

Q1

投保的是十年后能随时取出的“教育险”，到期后却变成了终身寿险，本金也不予退还，该怎么办？

变更保险内容

直向公司投诉

INTERPRETATION 浩源解读

《中华人民共和国保险法》第二条对保险的定义是："投保人根据保险合同约定，向保险人支付保险费，保险人对于合同约定的可能发生的事故因其发生所造成的财产损失承担赔偿保险金责任，或者当被保险人死亡、伤残、疾病或者达到合同约定的年龄、期限等条件时承担给付保险金责任的商业保险行为。"而保险又分为财产保险与人身保险。人身保险有人寿保险、年金保险、健康保险、意外伤害保险。人寿保险是以人的终身寿命为保险标的；年金保险以被保险人的生存为给附条件，如有养老功能的保险、给子女的教育险，都是年金保险；健康保险包括重疾和医疗两种；意外伤害保险是被保险人因意外事故发生死亡或伤残时，由保险公司进行理赔。

这个问题中提到"教育险变成了终身寿险"，教育险属于年金保险，在合同约定时间或子女出现约定的教育的情况时，保险公司给付教育金。而终身寿险是人寿保险的一种，是以被保险人的死亡为给付条件的，保险期间是终身。终身寿险已经完全背离了父母给子女购买年金险的初衷，是投保时双方对保险合同产生了重大误解，是保险经理没有履行必要告知义务，还是保险公司单方变更了保险合同？发生这种情况可以绕过保险经理，拨打保险公司的投诉电话，或者直接向保险公司的监管机构中国银行保险监督管理委员会进行投诉。协商投诉不成，向人民法院就保险合同的具体事由提起诉讼，或按约定仲裁。

Q2

有过肿瘤史连续投保三年后，第四年生病了被告知不符合投保条件不予支付保险金，该怎么办？

重大疾病险

承诺为要点

如要免诉讼

经常做体检

INTERPRETATION 浩源解读

具体来看，如果保险公司通过电话将保险卖给被保险人，并且由保险代理人替投保人在合同上签字，保险代理人称，当时详细询问过客户有没有重大疾病，客户说没有，才同意承保的，那么在法庭上，因保险代理人无法证明投保人做过未得大病的承诺，法院判决保险公司予以理赔。

如果保险公司向法院提交了《人身保险投保书》，证明保险公司曾经提出过询问，投保人没有如实告知。同时保险公司还出示了曾向投保人提交的《解除合同通知书》，证明在得知被保险人曾经患有癌症以后的一周内，就向投保人通知了解除合同，法院则会支持保险公司不予理赔的主张。

可见，即使是案件背景一样，理赔结果也可能会有所差别。

LEGAL PROVISIONS REFERENCE	法条援引

《中华人民共和国保险法》

第十六条 订立保险合同，保险人就保险标的或者被保险人的有关情况提出询问的，投保人应当如实告知。

投保人故意或者因重大过失未履行前款规定的如实告知义务，足以影响保险人决定是否同意承保或者提高保险费率的，保险人有权解除合同。

前款规定的合同解除权，自保险人知道有解除事由之日起，超过三十日不行使而消灭。自合同成立之日起超过二年的，保险人不得解除合同；发生保险事故的,保险人应当承担赔偿或者给付保险金的责任。

投保人故意不履行如实告知义务的，保险人对于合同解除前发生的保险事故，不承担赔偿或者给付保险金的责任，并不退还保险费。

投保人因重大过失未履行如实告知义务，对保险事故的发生有严重影响的，保险人对于合同解除前发生的保险事故，不承担赔偿或者给付保险金的责任，但应当退还保险费。

保险人在合同订立时已经知道投保人未如实告知的情况的，保险人不得解除合同；发生保险事故的，保险人应当承担赔偿或者给付保险金的责任。

保险事故是指保险合同约定的保险责任范围内的事故。

《最高人民法院关于适用〈中华人民共和国保险法〉若干问题的解释（二）》

第六条　投保人的告知义务限于保险人询问的范围和内容。当事人对询问范围及内容有争议的，保险人负举证责任。

Q3

车停在路边被撞，事故地没有监控无法找到肇事方，保险公司能赔偿吗？

车在外，风险多

装记录仪准没错

INTERPRETATION 浩源解读

机动车交通事故责任强制保险，是由保险公司对机动车辆发生道路交通事故造成本车人员、被保险人以外的人的人身伤亡、财产损失，在责任限额内予以赔偿的强制性责任保险。

如果发生交通事故的诉讼，可以索取赔偿的项目包括：医疗费、后续治疗费、整容费、康复费、住院伙食补助费、营养费、护理费、残疾 / 死亡赔偿金、鉴定费、被扶养人生活费、残疾辅助器具费、精神损害抚慰金、误工费等 17 项。

如果决定走法律程序，且没有通过律师而是自己提起诉讼时，需要准备如下材料：起诉状；原被告身份信息（自然人身份证或者是企业工商登记信息）；证据资料（事故鉴定书、伤情鉴定、医疗费与护理费、误工费、交通费、财产损失等证明）。可将肇事驾驶员、保险公司一并诉至法院。

道路交通事故的常用法律有：《中华人民共和国道路交通安全法》（全国人大常委会颁布，2021 年修正）；《中华人民共和国道路交通安全法实施条例》（国务院颁布，2017 年修改）；《最高人民法院关于审理道路交通事故损害赔偿案件适用法律若干问题的解释》（最高人民法院颁布，2020 年修正）等，此外还有各地方制定的法规，比如北京市就是自己的实施办法。

通常情况下，只要向保险公司购买了车损险，都是可以获得扣除自己承担的30%之外的部分的赔付。当然，获得赔付要求车主第一时间联系保险公司，不要挪动车辆。一些 3000 元及以下的赔偿，由保险公司勘验后即可理赔。

题目中的情况比较棘手，在这种情形下，应当第一时间报警，报警后得到警方出具的关于勘验的相关证明和事故认定，以免出具不了鉴定书的情况出现（在肇事方找不到的情况下，一般剐蹭不出具鉴定书的情况比较常见）。如果在保险程序内无法取得理赔，可以找专门的勘验机构对被撞痕迹从速进行勘验，收集被撞前后的相关材料和鉴定意见，走法律途径解决问题。建议大家在车辆上安装行车记录仪，以备不时之需。

Q4

把车借给朋友，发生交通事故后找保险公司理赔却遭到拒绝，该如何维权？

出借车辆要小心
己方责任要先行
此时理赔较苛刻
不可随意做人情

INTERPRETATION | 浩源解读

在出借机动车给朋友时，发生交通事故造成侵权损害的，司机（使用人）作为最直接的侵权责任人当然要承担赔偿责任。而此时，如果车辆已经购买车损险等险种，那么保险公司应当首先在强制责任保险（交强险）的范围内予以赔偿，如有商业保险，再以商业保险承担额度赔偿,不足部分由侵权人（司机、使用人）承担。

但如果出借机动车时，拥有车辆的你知道朋友不会开车或酒后开车，或者明知车况不佳还要转借的，出了事故，则本人也要承担一部分赔偿，按照《关于审理道路交通事故损害赔偿案件适用法律若干问题的解释》规定处理。

LEGAL PROVISIONS REFERENCE 法条援引

《中华人民共和国民法典》

第一千二百零九条 因租赁、借用等情形机动车所有人、管理人与使用人不是同一人时，发生交通事故造成损害，属于该机动车一方责任的，由机动车使用人承担赔偿责任；机动车所有人、管理人对损害的发生有过错的，承担相应的赔偿责任。

《关于审理道路交通事故损害赔偿案件适用法律若干问题的解释》

第一条 机动车发生交通事故造成损害，机动车所有人或者管理人有下列情形之一，人民法院应当认定其对损害的发生有过错，并适用民法典第一千二百零九条的规定确定其相应的赔偿责任：

（一）知道或者应当知道机动车存在缺陷，且该缺陷是交通事故发生原因之一的；

（二）知道或者应当知道驾驶人无驾驶资格或者未取得相应驾驶资格的；

（三）知道或者应当知道驾驶人因饮酒、服用国家管制的精神药品或者麻醉药品，或者患有妨碍安全驾驶机动车的疾病等依法不能驾驶机动车的；

（四）其他应当认定机动车所有人或者管理人有

过错的。

第十四条 投保人允许的驾驶人驾驶机动车致使投保人遭受损害，当事人请求承保交强险的保险公司在责任限额范围内予以赔偿的，人民法院应予支持，但投保人为本车上人员的除外。

第十五条 有下列情形之一导致第三人人身损害，当事人请求保险公司在交强险责任限额范围内予以赔偿，人民法院应予支持：

（一）驾驶人未取得驾驶资格或者未取得相应驾驶资格的；

（二）醉酒、服用国家管制的精神药品或者麻醉药品后驾驶机动车发生交通事故的；

（三）驾驶人故意制造交通事故的。

保险公司在赔偿范围内向侵权人主张追偿权的，人民法院应予支持。追偿权的诉讼时效期间自保险公司实际赔偿之日起计算。

RIGHTS PROTECTION PROCEDURES

维权程序

附录

以下流程按写作时诉讼法规定收集整理，仅供参考，如有变动，请求助专业人士，在其指导与辅助下进行。

维权程序

申请仲裁——五个工作日内做出受理回复

（也可以申请调解）

调解成功——结案——制作调解书

调解不成功——立案受理

受理——排期开庭——调解结案

排期开庭——裁决（开庭到裁决最长四十五天内完成，复杂延长十五天）

裁决——非终局裁决——十五天内起诉裁决——终局裁决——十五天内，劳动者向人民法院起诉/三十天内，用人单位向中级人民法院申请撤销裁决

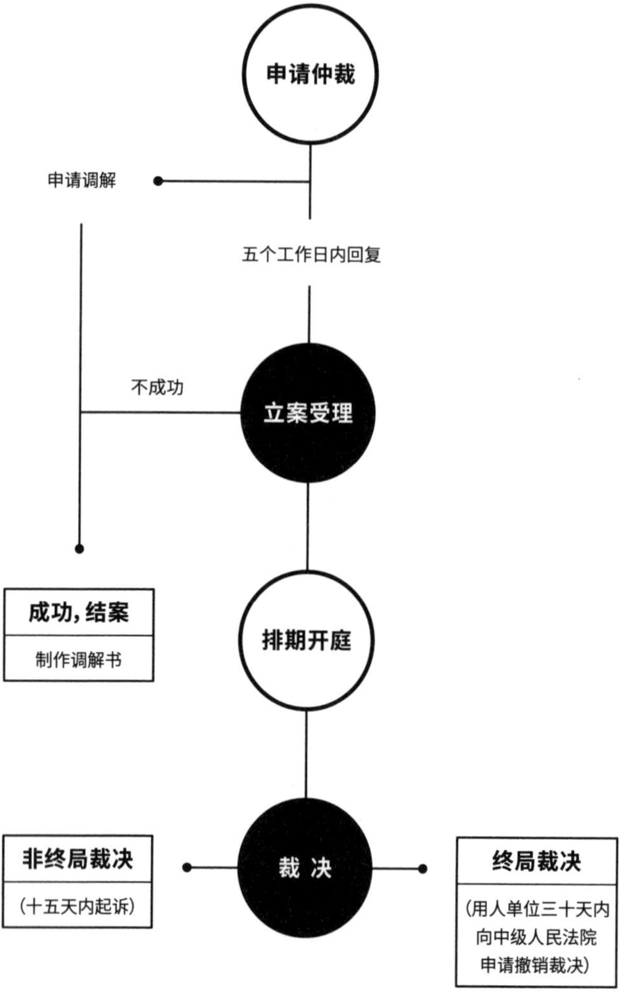
申请仲裁
申请调解
五个工作日内回复
不成功
立案受理
成功，结案
制作调解书
排期开庭
非终局裁决
（十五天内起诉）
裁 决
终局裁决
（用人单位三十天内向中级人民法院申请撤销裁决）

什么是终局裁决？

仲裁庭做出裁决后，用人单位不得起诉，但劳动者可以提起诉讼。一般适用于：

1. 追索劳动报酬、工伤医疗费、经济补偿或赔偿金，不超过当地月最低工资标准十二个月金额的争议。这一类属于小额仲裁案件，具体的判断标准是：裁决所涉及的每项数额均不得超过当地月最低工资标准十二个月金额。

2. 因执行国家的劳动标准在工作时间、休息休假、社会保险等方面发生的争议。第二类就是标准明确的仲裁案件，比如工伤赔偿案件。

如有以下六种情形，用人单位可以向所在地中级人民法院申请撤销：

（一）适用法律、法规确有错误的；

（二）劳动争议仲裁委员会无管辖权的；

（三）违反法定程序的；

（四）裁决所根据的证据是伪造的；

（五）对方当事人隐瞒了足以影响公正裁决的证据的；

（六）仲裁员在仲裁该案时有索贿受贿、徇私舞弊、枉法裁决行为的。另对于申请撤销仲裁裁决的案件，人民法院对于仲裁裁决认定的案件事实不作审查。

调解程序

启动调解：

1. 当事人申请调解或法院审查立案后，提出调解，当事人同意调解。

当事人申请调解：

（如已起诉，先暂缓立案）人民调解工作室——人民调解组织调解——调解成功达成协议——如果当场履行完毕，不必出具民事调解书；如果分期履行、嗣后履行，另一方申请法院确认调解协议效力的，办理立案手续，出具法律文书（以调解方式结案）。

2. 调解不成功——办理立案手续，进入诉讼程序，愿意调解：

立案庭调解组——审判员主持调解（二十天内）——成功制作法律文书/不成功移送业务庭审理。

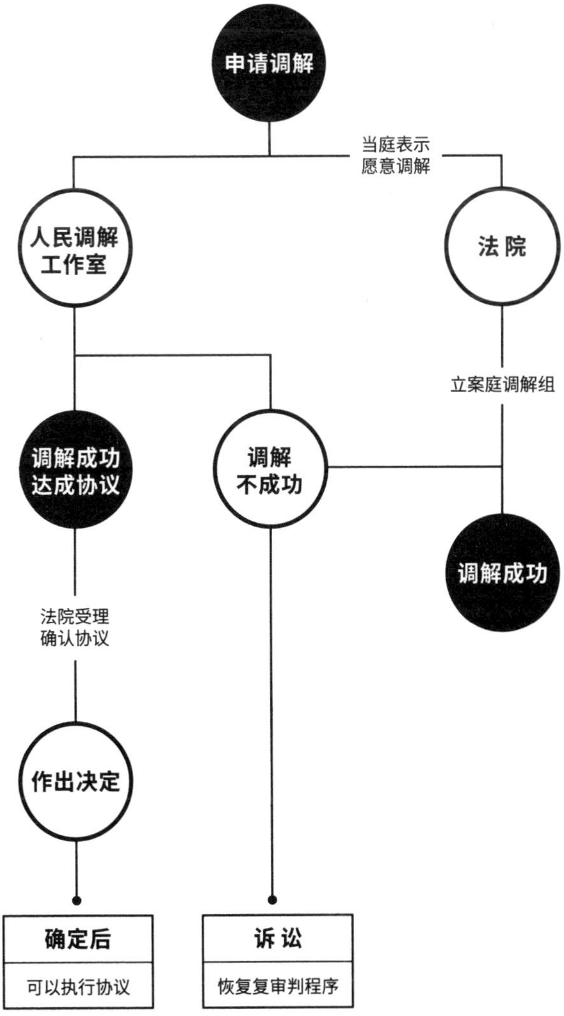
申请调解
当庭表示
愿意调解
人民调解
工作室
法 院
立案庭调解组
调解成功
达成协议
调解
不成功
调解成功
法院受理
确认协议
作出决定
确定后
可以执行协议
诉 讼
恢复复审判程序

调解协议申请确认程序（法院出的调解书不用）

自愿找人民调解委员会（调解组织）调解的，一般会达成一项协议。这项协议遇到反悔时可以根据协议起诉，但是不能强制执行协议，如果要执行协议，可以在协议生效之日起三十日内向人民法院申请司法确认，三日内人民法院决定是否受理，十五日内做出是否确认的决定，必要时可延长十日。审查时可以通知当事人同时到场调查。一旦确认，协议当事人可以不经由诉讼程序，带着协议直接要求对另一方申请强制执行。

法院程序

1. 当事人到立案窗口（或网上立案）递交诉讼材料。

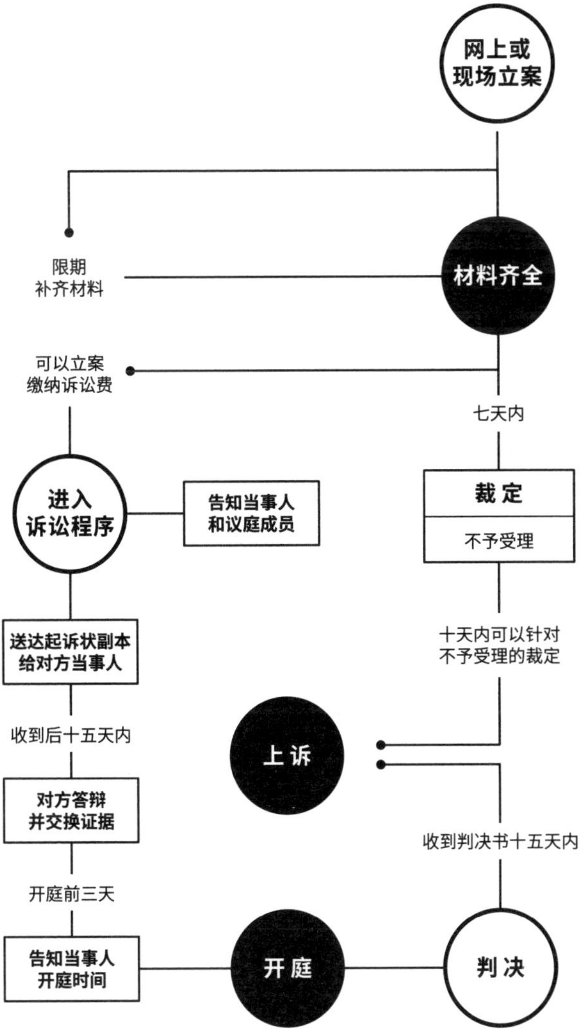
网上或
现场立案
限期
补齐材料
材料齐全
可以立案
缴纳诉讼费
七天内
进入
诉讼程序
告知当事人
和议庭成员
裁 定
不予受理
送达起诉状副本
给对方当事人
十天内可以针对
不予受理的裁定
收到后十五天内
上 诉
对方答辩
并交换证据
收到判决书十五天内
开庭前三天
告知当事人
开庭时间
开 庭
判 决

结果：

(1) 不符合立案条件——不予受理。

(2) 材料不齐——限期补正（一般会给你一份补正起诉材料通知书，或者在立案窗口通知你要带齐什么来立案）。

(3) 符合条件。

需要什么诉讼材料？

诉状（签名盖章正本两份，按对方当事人人数提交副本）。

原告——人：身份复印件；法人、其他组织：营业执照复印件、法定代表人身份证明书原件、此人的身份证复印件，以上都要加盖公司公章；个体工商户：营业执照复印件，经营者身份证复印件并加盖公章。

诉讼代理人（律师或者其他人）：

都要交的：当事人本人签名盖章的授权委托书原件一份。

具体要交的：

(1) 律师：律师执业证复印件、律师事务所公函。

(2) 基层法律服务工作者：执业证、介绍信、原告住所地在本辖区的证明材料。

(3) 当事人的近亲属：身份证复印件和亲属关系证明。

(4) 当事人工作人员：身份证复印件与劳动关系证明。

(5) 推荐的身边人：身份证复印件，推荐材料，当事人属于该社区、单位的证明材料。

证据材料复印件。

法律规定的其他材料：比如劳动仲裁书。

什么情况下不予受理？

依据法条：《民事诉讼法》。

第一百二十四条 人民法院对下列起诉，分别情形，予以处理：

（一）依照行政诉讼法的规定，属于行政诉讼受案范围的，告知原告提起行政诉讼；

（二）依照法律规定，双方当事人达成书面仲裁协议申请仲裁、不得向人民法院起诉的，告知原告向仲裁机构申请仲裁；

（三）依照法律规定，应当由其他机关处理的争议，告知原告向有关机关申请解决；

（四）对不属于本院管辖的案件，告知原告向有管辖权的人民法院起诉；

（五）对判决、裁定、调解书已经发生法律效力的案件，当事人又起诉的，告知原告申请再审，但人民法院准许撤诉的裁定除外；

（六）依照法律规定，在一定期限内不得起诉的案件，在不得起诉的期限内起诉的，不予受理；

（七）判决不准离婚和调解和好的离婚案件，判决、调解维持收养关系的案件，没有新情况、新理由，原告在六个月内又起诉的，不予受理。

2. 符合条件，七天内交诉讼费，予以立案；不符合条件，七日内裁定不予受理、裁定驳回起诉，不服，10 日内就裁定上诉。

3. 受理立案后，五天内将起诉状副本送给对方当事人（合议庭成员确定后，提前三天告知）。

4. 对方当事人 15 天内答辩，答辩期内交换证据，如委托法庭调查证据，该期间内可申请财产保全。

5. 安排好开庭时间后，提前三天通知当事人开庭时间、地点、承办人，如公开审理，提前三天进行公告。

6. 十天内发送判决（寄出，不是寄到）：判决书送达之日起十五天内向上级人民法院上诉；裁定是十天。

原告经传唤不出现或者中途自行退庭，算撤诉；被告有同等情形的可以缺席判决。

如果想撤诉，宣判前申请后由法院裁定，裁定不给撤原告又不来，可以缺席判决。

审判期限：一般六个月，要延长的，本院院长多批六个月，还要延，报上级批准。

证据公证程序

带齐身份证件和申请书，到公证处申请。

1. 诉前财产保全（财产给付类适用）

提起民事诉讼前当事人申请财产保全——提交申请书、身份证明、委托授权书及财产担保——合议庭四十八小时内裁定——符合条件——裁定保全。

不符合条件——驳回申请。

2. 行为保全

(1) 简易程序：

要求：事实清楚、权利义务关系明确、争议不大的简单的民事案件。

方式：约定适用、同时到场请求及决或者原告口头起诉。

独任审判员，以简便方式推进审判流程。

三个月内审结。

(2) 小额诉讼：

简易程序中，标的额为各省、自治区、直辖市上年度就业人员年平均工资百分之五十以下的，实行一审终审。

超过百分之五十，少于两倍的，双方可以约定适用小额程序。

小额程序立案之日起两个月内审结，院长批准可以延长一个月强制执行程序申请需要的材料：

时限：法律文书规定履行期间届满后两年内；如无履行期间，法律文书生效之日起计算。

需要准备的材料：

(1) 申请书一份。

(2) 主体证明材料：

人：身份复印件；

法人、其他组织：营业执照复印件、法定代表人身份证明书原件、此人的身份证复印件，以上都要加盖公司公章；

个体工商户：营业执照复印件，经营者身份证复印件并加盖公章。

(3) 诉讼代理人材料：同诉讼程序。

(4) 申请依据：

只有一审的，一审判决书原件经过两审裁判的，一审和二审原件。

申请执行公证过的债权文书的，需要提交公证债权文书和执行证书原件。

申请恢复执行的，原审裁判文书复印件和上一次执行后裁定终结执行的执行裁定书复印件。

原执行如果是因为无财产线索而终结的，需要提供新的财产线索证据材料。

如果是和解终结的，需要提交和解复印件。

申请执行人变更的，提供变更的裁定书原件。

督促程序

申请支付令——五日内决定受理——受理后十五日内成立的发支付令，不成立的驳回——十五日内清偿债务或提出异议——不做的申请执行。

有异议——裁定终结程序，转入诉讼程序（除非一方不同意诉讼）。

人身保护令流程（管六个月）

立案受理——七十二小时内作出裁定或驳回，情况紧急的二十四小时内裁定——申请人不服驳回或被申请人不服裁定，五日内申请复议。

可申请措施：

（一）禁止被申请人实施家庭暴力；

（二）禁止被申请人骚扰、跟踪、接触申请人及其相关近亲属；

（三）责令被申请人迁出申请人住所；

（四）保护申请人人身安全的其他措施。

图书在版编目（CIP）数据

少吃点生活的亏：人人听得懂用得上的维权课 / 李浩源著.
-- 北京：北京联合出版公司，2022.11（2023.1重印）
ISBN 978-7-5596-6484-6

Ⅰ.①少… Ⅱ.①李… Ⅲ.①法律-基本知识-中国Ⅳ.
① D920.4

中国版本图书馆 CIP 数据核字 (2022) 第 188834 号

少吃点生活的亏：人人听得懂用得上的维权课

作　　者：李浩源
出 品 人：赵红仕
责任编辑：管　文
图书策划：胡　杨
封面设计：范一鼎 / 蘑　菇 @ 亿電设 [e] De SIGN
版式设计：李　月 @ 亿電设 [e] De SIGN

北京联合出版公司出版
（北京市西城区德外大街 83 号楼 9 层　100088）
北京时代华语国际传媒股份有限公司发行
北京中科印刷有限公司印刷　新华书店经销
字数 140 千字　880 毫米 × 1230 毫米　1/32　8.25 印张
2022 年 11 月第 1 版　2023年1月第 2 次印刷
ISBN 978-7-5596-6484-6
定价：58.00 元